Inclusão digital e educação

Dados Internacionais de Catalogação na Publicação (CIP)
(Câmara Brasileira do Livro, SP, Brasil)

Pischetola, Magda
  Inclusão digital e educação : a nova cultura da sala de aula / Magda Pischetola. –
Petrópolis : Vozes ; Rio de Janeiro : Editora PUC-Rio, 2016.

  Bibliografia
  ISBN 978-85-326-5288-1 (Vozes)

  1. Aprendizagem 2. Educação 3. Inclusão digital 4. Políticas públicas
5. Prática de ensino 6. Professores – Formação 7. Tecnologia da informação
8. Sala de aula I. Título.

16-04447   CDD-370

Índices para catálogo sistemático:
1. Inclusão digital : Educação   370

Inclusão digital e educação

A nova cultura da sala de aula

Magda Pischetola

© 2016, Editora Vozes Ltda.
Rua Frei Luís, 100
25689-900 Petrópolis, RJ
www.vozes.com.br
Brasil

Todos os direitos reservados. Nenhuma parte desta obra poderá ser reproduzida ou transmitida por qualquer forma e/ou quaisquer meios (eletrônico ou mecânico, incluindo fotocópia e gravação) ou arquivada em qualquer sistema ou banco de dados sem permissão escrita da editora.

© Editora PUC-Rio
Rua Marquês de S. Vicente, 225
Projeto Comunicar – Casa Editora / Agência Gávea
22451-900 Rio de Janeiro, RJ
Tel.: (21) 3527-1838/1760
edpucrio@puc-rio.br
www.puc-rio.br/editorapucrio

Reitor
Pe. Josafá Carlos de Siqueira, S.J.

Vice-reitor
Pe. Francisco Ivern Simó, S.J.

Vice-reitor para Assuntos Acadêmicos
Prof. José Ricardo Bergmann

CONSELHO EDITORIAL

Diretor
Gilberto Gonçalves Garcia

Editores
Aline dos Santos Carneiro
Edrian Josué Pasini
José Maria da Silva
Marilac Loraine Oleniki

Conselheiros
Francisco Morás
Leonardo A.R.T. dos Santos
Ludovico Garmus
Teobaldo Heidemann
Volney J. Berkenbrock

Secretário executivo
João Batista Kreuch

Vice-reitor para Assuntos Administrativos
Prof. Luiz Carlos Scavarda do Carmo

Vice-reitor para Assuntos Comunitários
Prof. Augusto Luiz Duarte Lopes Sampaio

Vice-reitor para Assuntos de Desenvolvimento
Prof. Sergio Bruni

Decanos
Prof. Paulo Fernando Carneiro de Andrade (CTCH)
Prof. Luiz Roberto A. Cunha (CCS)
Prof. Luiz Alencar Reis da Silva Mello (CTC)
Prof. Hilton Augusto Koch (CCBM)

Conselho editorial
Augusto Sampaio, Cesar Romero Jacob, Hilton Augusto Koch, Fernando Sá, José Ricardo Bergmann, Luiz Alencar Reis da Silva Mello, Luiz Roberto Cunha, Paulo Fernando Carneiro de Andrade, Sergio Bruni.

Editoração: Maria da Conceição B. de Sousa
Diagramação: Sheilandre Desenv. Gráfico
Capa: SGDesign
Revisão de originais: Ivone Teixeira

ISBN 978-85-326-5288-1 (Vozes)
ISBN 978-85-8006-200-7 (PUC-Rio)

Editado conforme o novo acordo ortográfico.

Este livro foi composto e impresso pela Editora Vozes Ltda.

Nota da autora e agradecimentos

Este livro é uma revisão, ampliada e modificada, do primeiro volume por mim publicado na Itália em 2011 (*Educazione e divario digitale* – Idee per il capacity building. Milão: Unicopli). Ampliada porque inclui os dados de um terceiro campo de pesquisa, as escolas da Bahia e de Santa Catarina que receberam o *laptop* pelo projeto *Um computador por aluno*. Modificada porque, à luz dos resultados do último estudo de caso, foi necessário analisar novamente os dados das primeiras duas pesquisas de campo, chegando, portanto, a considerações diferentes, pautadas em reflexões novas. As ideias amadurecem com o tempo e uma pesquisa nunca acaba. Este livro é uma tentativa de dar mais um passo na direção do entendimento da inclusão digital como problema político e, sobretudo, cultural.

Nada do que está escrito aqui é somente "meu": muitas conversas, aulas, encontros, parcerias e amizades ajudaram na formulação dos pensamentos aqui expressados. Agradeço a todos os que direta ou indiretamente fizeram parte da minha formação nos últimos anos: Mônica Fantin, Nelson Pretto, Maria Helena Bonilla, Elisa Quartiero, Lyana Thediga de Miranda, Rodrigo Ferrari, Deise Arenhart, Carol Marim, Flávia Nízia Ribeiro, Rita Couto, Tel Amiel, José Moran, Eduardo Chaves, Ilana Eleá, os integrantes do ForTec, o grupo de pesquisa sobre formação docente e tecnologias, que tenho o imenso prazer de coordenar, e o corpo docente do Departamento de Educação da PUC-Rio, que me recebeu com confiança e afeto. Meus agradecimentos a Ana Lea-Plaza, pela tradução de algumas partes do livro, e pelo imenso esforço de revisão editorial, junto a Flavio de Britto.

Agradeço aos meus pais pelo apoio incondicional, ao meu irmão pelo incentivo e suporte constante, aos meus amigos pelo amor que supera as distâncias. Um agradecimento especial ao Anders, parceiro incansável de muitas aventuras.

Sumário

Introdução 9

1 Tecnologia, desenvolvimento e exclusão 13

2 Inclusão digital e educação 39

3 Tecnologias móveis na educação: uma pesquisa comparativa 69

4 Formação de professores e cultura digital 109

Considerações finais 135

Referências 141

Índice 159

Introdução

Entre as grandes transformações ocorridas nos últimos anos, as tecnologias da informação e da comunicação (TICs) têm desempenhado relevante papel no que diz respeito à inovação e ao desenvolvimento, do ponto de vista econômico, mas também político, social, humano e cultural. A contração dos tempos de comunicação e as possibilidades de interação proporcionadas pela mídia digital constituíram um mundo que não poderá mais voltar aos sistemas de comunicação, produção e trabalho anteriores à internet. No contexto da sociedade em rede, as tecnologias digitais impuseram-se como um elemento cada vez mais importante de mudança nos modos de viver, pensar e comunicar. Portanto, não surpreende que a expressão "inclusão digital" tenha entrado no vocabulário das políticas públicas.

Perguntamo-nos, porém: Qual é o significado desse conceito? Qual a ideologia que o acompanha? Quais as implicações de sua aplicação?

O uso das mídias digitais parece contribuir não só com a exacerbação das antigas desigualdades sociais, mas também com a criação de novas formas de iniquidade e de exclusão social. Apesar da sua importância para a reflexão sobre a desigualdade social, os discursos sobre o papel da tecnologia no desenvolvimento humano são, em sua maioria, acríticos e superficiais, apresentando associações fáceis entre o progresso do homem e as ferramentas científicas e tecnológicas, que, vistas de forma totalmente neutra, destinam-se a melhorar a vida dos indivíduos. Assim, a questão do acesso às novas tecnologias é explorada por muitas pesquisas de forma incompleta, parecendo sugerir que o critério político a ser adotado para garantir a igualdade social é a mera conexão. Além disso, confunde-se universalidade com igualdade, propagação com inovação, tecnologia com progresso.

Na pesquisa que se segue, adotaremos o enfoque dos estudos da última década, cuja contribuição tem sido a de apontar que os elementos essenciais para a inclusão digital são outros: o acesso significativo à informação, o desenvolvimento de capacidades para a seleção e uso dos recursos postos à disposição pela tecnologia, o acesso à rede digital enquanto possibilidade de intercambiar opiniões e informações, aprofundar temas de interesse, conhecer os eventos mundiais e participar da vida política. A partir dessas considerações, a inclusão digital se constitui como inclusão social e política dos cidadãos. O acesso à tecnologia torna-se uma oportunidade. Dessa perspectiva, o conceito de exclusão social abarca não só a desigualdade de recursos econômicos, financeiros e materiais, mas também a exclusão do desenvolvimento e, em última instância, do conhecimento. Essas reflexões serão parte do capítulo 1 deste livro, em que apresentamos o debate internacional que existe ao redor desse conceito, chamado de *digital divide*, brecha digital, exclusão digital.

Considerando que a participação social e a participação digital se encontram, hoje, cada vez mais sobrepostas, a inclusão digital torna-se alvo também da educação. Ela pressupõe uma mudança paradigmática das práticas de ensino-aprendizagem, levando-nos para além da visão utilitarista sobre as novas tecnologias, em prol da valorização do sujeito que aprende. Isto é, um aluno que desenvolve habilidades técnicas de uso da tecnologia digital, mas que, além disso, tem práticas sociais, relações com o seu contexto sociocultural e formas de pensamento críticas e pessoais. A intenção do capítulo 2 é contribuir no debate sobre a relação entre inclusão digital e educação, buscando superar a visão da tecnologia como técnica, que se manifesta seja por meio da referência às habilidades dos "nativos digitais", seja quando o computador é visto como a "ferramenta mágica" que os docentes têm à disposição para inovar suas práticas pedagógicas. A fim de mudar a instituição escolar, é preciso reconhecer que as possibilidades técnicas disponibilizadas pela rede não determinam, por si sós, os comportamentos dos usuários. Fazer parte da sociedade atual também quer dizer ter a possibilidade de se expressar, ou seja, não só de ler o mundo, mas sobretudo de *escrever o mundo*, pois as formas de autoria que a atualidade nos coloca oferecem um leque infinito de possibilidades de expressão. Para isso, faz-se necessário estabelecer um diálogo entre a tecnologia e os interesses pedagógicos da comunidade escolar, de forma que esta construa seu próprio modelo de incorporação das mídias. Com essa perspectiva em mente, poderemos olhar para a educação com renovada confiança porque, evidentemente, é a ela que é entregue o futuro das novas gerações, as quais gostaríamos de ver construindo e compartilhando o conhecimento.

O que observamos nos últimos anos é a multiplicação de intervenções políticas que preveem a inserção de artefatos tecnológicos nas escolas, com ênfase sobretudo na mobilidade e na presença constante da tecnologia digital em sala de aula. Há cada vez mais variedade de produtos disponíveis e menos barreiras financeiras para seu acesso e difusão. A primeira dessas iniciativas de caráter internacional foi o Programa One Laptop per Child, lançado em 2005 pelo MIT de Boston e sucessivamente reformulado no Brasil com o projeto Um Computador por Aluno. O princípio por trás dessas iniciativas é a democratização do acesso aos processos globais de desenvolvimento, através do acesso à tecnologia. Acesso que significa, também, qualidade das práticas de ensino-aprendizagem, mediação cultural e construção colaborativa de conhecimento. A justificativa política comum aos dois programas é que a promoção da igualdade e as mudanças sociais que acontecem na escola têm de se relacionar com a cultura digital, assegurando a presença das TICs nas metodologias de ensino-aprendizagem para a criação de novas formas de se expressar e produzir significados. Porém, pesquisas realizadas nos últimos dez anos apontam que há falta de orientação sobre o que fazer com as tecnologias; há pouca discussão sobre as escolhas metodológicas dos professores; há pouco desenvolvimento de habilidades necessárias para a utilização crítica do *laptop*, tanto de professores quanto de alunos; e não há evidência de melhorias no processo de aprendizagem.

No capítulo 3 apresentamos um estudo comparativo sobre o projeto OLPC/UCA, realizado entre 2008 e 2012, em três campos de pesquisa: na Itália, na Etiópia e no Brasil. Os resultados são analisados a partir dos pressupostos de que a tecnologia é cultura e de que o "estilo motivacional" de cada professor é fundamental para o desenvolvimento de atividades significativas.

A análise dos resultados permite-nos chegar a algumas considerações conclusivas, que serão apresentadas no capítulo 4. A tentativa é de esboçar um modelo de *construção de capacidades*, que valorize o capital humano e o capital social, presentes em todo contexto escolar, e ofereça os elementos fundamentais para planejar e implementar projetos de inclusão digital sustentáveis. Isso significa reconhecer a importância da formação docente como momento de construção de metodologias de ensino-aprendizagem (e não de técnicas) e procurar a colaboração entre os atores de cada contexto, mas *in primis* entre os protagonistas do processo de ensino-aprendizagem: o aluno e o professor. Aspectos de variada natureza, como a capacidade institucional e de gestão, os elementos socioculturais, a adequação da tecnologia, são também abarcados na definição de projeto sustentável, seguindo a perspectiva da tecnologia como cultura.

O conceito de sustentabilidade encerra o volume, abrindo as novas reflexões que esperamos que sejam pistas para futuras pesquisas e diálogos entre academia e política, que busquem avançar nas conquistas sociais, culturais e políticas necessárias para alcançar a inclusão digital.

1

Tecnologia, desenvolvimento e exclusão

1.1 A relação entre mídia e desenvolvimento humano

Não é difícil encontrar exemplos que ilustrem o papel positivo que a mídia pode ter no combate à pobreza e à desigualdade. Poder de mobilização dos meios de comunicação social nos recentes protestos no Brasil e em outros países, captação de recursos para emergências sociais, jornalismo investigativo independente, informação por meios alternativos – todos esses exemplos demonstram a importância da mídia no desenvolvimento social, político e humano. Entretanto, evidenciam-se algumas ambiguidades.

O surgimento e a popularização da internet foram acompanhados de muitas expectativas positivas, sobretudo em relação à ampliação das possibilidades de acesso ao conhecimento e ao fortalecimento da participação política. Em sociedades cada vez mais fundamentadas no compartilhamento de saberes, a tecnologia digital insere o sujeito em um novo contexto cultural, em que não somente ele transforma a tecnologia, mas é por ela transformado, através de seus hábitos de consumo, de trabalho, de comunicação e de acesso à informação. Ao mesmo tempo, a possibilidade de interação em tempo real, as iniciativas de governo eletrônico e a convergência dos diferentes formatos midiáticos, orientados a facilitar a mobilidade e a ubiquidade dão à internet o potencial de tornar-se um novo contexto de participação democrática.

Porém, ao contrário do que creem os mais otimistas, certos autores argumentam que a internet reforçou a participação política de grupos de elite, fazendo pouco pela ampliação dos discursos políticos. Nas dinâmicas de ativismo on-line, por exemplo, utilizam-se meios digitais para a criação de estratégias destinadas a fidelizar os ativistas já engajados, mas o recrutamento de novos membros tem apresentado avanços muito menores (CHADWICK, 2006; HINDMAN, 2008). Entende-se, ainda, que as redes sociais desencadeiam um processo de personalização excessiva, exacerbando a exposição pública do privado e o culto da própria imagem, o que fomenta a também extrema personalização da política e alimenta a "indústria do escândalo", que expõe os indivíduos mais do que suas ideias (CASTELLS, 2009).

Destarte, as pesquisas mais recentes defendem a necessidade de compreender a complexa relação entre tecnologias digitais e desenvolvimento, integrando-a em um cenário mais amplo. Alguns estudos aventam, por exemplo, que o que teria mobilizado as massas não seria tanto componentes ideológicos ou motivos concretos quanto uma "nova arquitetura de convocação" (GUTIERREZ, 2013), viabilizada pelas plataformas digitais e fundamentada em uma "lógica da conectividade" que atua em detrimento da mais antiga "lógica da coletividade" (BENNETT & SEGERBERG, 2013). Outros estudos apontam que, mais do que contribuir para novas esferas de sentido político e cultural, a internet volta-se cada vez mais para o mercado e o entretenimento, respondendo principalmente à lógica das "preferências" dos usuários. Dessa forma, a interposição entre o mundo e o cidadão, outrora assumida pelos meios de comunicação, é hoje cedida à responsabilidade de algoritmos que dificilmente poderiam substituir a ação e a mediação humana, fenômeno que tem tido resultados problemáticos, principalmente entre as gerações mais novas.

Fala-se, então, da necessidade de um humanismo renovado, que recoloque o sujeito no centro da relação entre homem e máquina, redimensionando a responsabilidade da técnica e valorizando o protagonismo do indivíduo pensante (JENKINS, 2008; SHIRKY, 2010). Para isso, torna-se necessário desfazer os discursos que acompanham a difusão da tecnologia digital, desde os seus exórdios, e aprofundar a relação entre mídia e desenvolvimento, indo além dos aspectos positivos e negativos mais evidentes.

1.1.1 O que significa desenvolvimento humano?

O conceito de desenvolvimento humano foi cunhado no final dos anos de 1980 pelo Programa das Nações Unidas para o Desenvolvimento (Pnud), a fim de superar o sentido tradicional de desenvolvimento focado apenas no crescimento econômico. De acordo com a nova definição, o desenvolvimento humano envolve as seguintes áreas: a promoção dos direitos humanos e o apoio às instituições locais, particularmente no que diz respeito ao direito à convivência pacífica; a proteção ambiental e o desenvolvimento sustentável dos recursos terrestres; o desenvolvimento de serviços de saúde e sociais, com atenção prioritária para os grupos mais vulneráveis; a melhoria nos níveis de educação e alfabetização; a dinâmica do desenvolvimento econômico local; a participação democrática dos cidadãos; as oportunidades equitativas de crescimento e de integração na vida social; a expectativa de vida[1]. Como resultado dessa mudança de perspectiva, transforma-se também o conceito de pobreza que, dentro de um paradigma multidimensional, passa a referir-se não só à falta de riqueza material, mas também à falta de oportunidades sociais[2].

---

1. Cf. os relatórios anuais sobre desenvolvimento humano, Pnud: http://www.undp.org
2. No relatório de desenvolvimento humano de 1997, ela é definida como escassez de saúde e educação, privação de conhecimento e comunicação, impossibilidade de exercer os direitos humanos e

Para medir as diferenças de desenvolvimento entre os países do mundo, o Pnud criou, em 1990, o Índice de Desenvolvimento Humano (IDH). Esse índice é considerado um dos mais confiáveis recursos de medição de desenvolvimento. No entanto, em relação ao próprio conceito de desenvolvimento, o IDH ainda trabalha com um número muito grande de definições, nenhuma das quais pode ser considerada universalmente reconhecida. A impressão é de que até agora não se alcançou um consenso que permita superar os legados ideológicos ocidentais sobre o assunto, o que muitas vezes leva a leituras simplificadas da realidade, organizadas pela dicotomia Ocidente/resto do mundo, que estabelece níveis de desenvolvimento segundo modelos ideais de progresso a serem atingidos (SCHUNK, 2005).

A relação entre tecnologia e desenvolvimento cai nessa mesma falha conceitual. Na sua maioria, os discursos sobre o papel da tecnologia no desenvolvimento humano são irracionais e acríticos, proporcionando associações fáceis entre o progresso humano e as ferramentas científicas e tecnológicas, que, vistas de forma totalmente neutra, destinam-se a melhorar a vida dos indivíduos. Rogers (2003) defende que essas reduções acontecem porque ainda prevalece, de modo geral, um conceito distorcido de informação, segundo o qual este seria em si um elemento decisivo do conhecimento. O autor nos convida a desafiar esses reducionismos, propondo que o desenvolvimento seria um processo participativo de mudança social e não uma simples introdução massiva de TICs. Para raciocinar, continua Rogers, sobre as condições globais do desenvolvimento ocidental precisamos entender quais são as consequências sociais desse processo em termos de exclusão de outros povos e culturas. Seguindo esse pensamento, nos próximos capítulos tentaremos problematizar a relação entre mídia e desenvolvimento, analisando-a de um ponto de vista psicológico e de um ponto de vista sociológico, a fim de definir as ações políticas que se deveriam promover para tornar mais inclusiva a sociedade da informação.

1.1.2 TICs: necessidade primária?

O desenvolvimento humano é explicado por Abraham Maslow (1954) mediante a teoria da pirâmide das necessidades. O psicólogo identifica diferentes estágios – sucessivos e consecutivos – de crescimento, que se relacionam com duas macrocategorias de necessidades humanas: as primárias e as secundárias. A primeira categoria inclui as necessidades fisiológicas, que determinam a sobrevivência da pessoa humana (alimentos, água, habitação, saúde etc.). Entre as

---

políticos, ausência de dignidade, confiança e autoestima. Em 2003, por ocasião do World Summit on the Information Society (WSIS), afirma-se que "além do crescimento econômico, que é um motor e não um objetivo por si mesmo, o desenvolvimento é primeiramente uma questão social. Ele está intimamente relacionado com a paz, os direitos humanos, o governo democrático, o ambiente, a cultura e os estilos de vida das pessoas" (WSIS, 2003, p. 5).

necessidades secundárias encontram-se as relacionadas com o desenvolvimento psicológico e social dos indivíduos[3]. Como é de se esperar, a grande maioria das iniciativas de cooperação dos países em desenvolvimento tem a intenção de resolver ou, pelo menos, de atenuar os problemas e consequências do primeiro tipo de necessidades. Essas ações são geralmente justificadas como soluções imediatas para situações de emergência, como ajuda humanitária, ou como medidas de assistência para garantir os "recursos de primeiro grau". Iniciativas semelhantes oferecem, de fato, uma ajuda indispensável às populações desfavorecidas, que muitas vezes garante a sua sobrevivência, porém, por outro lado, também correm o risco de reforçar a relação de dependência entre os doadores internacionais e os países auxiliados, agravando as suas diferenças. Com efeito, para que as pessoas e as comunidades possam sair de forma permanente de uma condição de pobreza é necessário combinar intervenções de assistência com investimentos de longo prazo, cujo objetivo é a construção de "recursos de segundo grau", definíveis em termos de competências para um futuro de autonomia. Essa é, claramente, uma meta difícil de ser atingida, que vai requerer prazos longos e grandes investimentos em educação, conhecimento, desenvolvimento de habilidades. Porém, nessa direção estaremos em condições de empreender um caminho de evolução da mentalidade de subsistência para a concepção e construção de bem-estar social.

O uso de novas tecnologias e a minimização da brecha digital podem inserir-se nessa mesma dinâmica, se considerarmos essas ações como meios para satisfazer necessidades secundárias orientadas a desencadear processos de crescimento e desenvolvimento social.

Em primeiro lugar, as TICs são um importante setor industrial – cuja produção faz parte do PIB nacional –, são a base da infraestrutura de rede (e, sobretudo, da rede das redes) e, finalmente, influem na produção de outros bens e serviços (FARISELLI, 2005). Nesse sentido, a intervenção do Estado é essencial para se reconhecer o papel da tecnologia para a modernização e a inovação[4]. Portanto, do ponto de vista econômico, a pesquisa deveria concentrar-se não tanto sobre os *rankings* e a distribuição mundial de TICs quanto sobre os fluxos de informação na rede e os usos que os consumidores e as empresas podem

---

3. Esses grupos formam uma hierarquia em cuja base estão as necessidades primárias básicas (incluindo as necessidades fisiológicas, tais como beber, comer etc., e as necessidades de segurança, como a tranquilidade, a falta de medo, a segurança pessoal etc.). Em seguida, estariam as necessidades sociais, que podem ser definidas como necessidades psicológicas. Estas incluem a necessidade de amor, de estima, de valorização, de autoestima, de integração etc. No topo da pirâmide encontram-se a necessidade de si mesmo, ou autorrealização, a necessidade de expressar o próprio potencial e perseguir ideais de justiça, e assim por diante. Para simplificar a análise, a necessidade primária, neste texto, refere-se à definição fornecida pelo autor, e as necessidades sociais e de si mesmo consideram-se parte da categoria de necessidades secundárias (MASLOW, 1954).
4. Nos países industrializados, p. ex., as TICs encontraram uma importante área de aplicação na empresa: elas reduziram as hierarquias, tornaram mais fácil a comunicação direta com os consumidores e forneceram um nível maior de flexibilidade (AFELE, 2003).

fazer dela para melhorar a gestão do conhecimento, o qual corresponde a um "processo social interativo multidimensional" (FARISELLI, 2005, p. 64). Sobre essa questão, a literatura levanta também um debate válido sobre quais tecnologias promover, a que custo e em que áreas do mundo – aspectos que devem ser investigados com o fim de conseguir entender quais teriam de ser as prioridades das ações políticas para poder usufruir ao máximo do potencial tecnológico[5].

Em segundo lugar, as TICs podem ser uma contribuição decisiva para a educação, devido a sua peculiar capacidade de distribuir informação a um custo relativamente baixo e à possibilidade de integrar-se aos programas tradicionais orientados à erradicação do analfabetismo e à promoção dos direitos humanos. A penetração das tecnologias de informação e comunicação nos países mais pobres pode dar origem a círculos virtuosos de desenvolvimento, que têm efeito benéfico sobre uma série de componentes que fazem parte da qualidade de vida dos indivíduos.

Em terceiro lugar, as TICs podem ser um meio de integração democrática dos cidadãos no mundo político. Não ter acesso à internet, hoje, quer dizer ficar na invisibilidade, não apenas social, mas também econômica e política. Como resultado, a falta de acesso à rede pode constituir um novo fator de pobreza (UNESCO, 2004). Nessa linha de considerações, o debate internacional sobre a governança da internet, por exemplo, nasce com base no fato de que o registro e a gestão de domínios on-line não são elementos puramente técnicos, mas políticos[6].

A atenção institucional e política a esses aspectos de uso da rede pode proporcionar, em condições adequadas, inovações para a resolução de problemas profundamente enraizados no território.

---

5. As pesquisas das últimas décadas tentaram responder às seguintes perguntas: O que faz com que as TICs sejam diferentes de outras tecnologias do passado? Quais são os canais através dos quais as TICs podem promover o desenvolvimento? O que justifica a confiança no domínio das TICs como ferramentas de desenvolvimento? Ao mesmo tempo, os estudos da área discordam sobre como avaliar com precisão o impacto das TICs nas esferas política, econômica e social. Por isso é importante que sejam desenvolvidas pesquisas qualitativas, mais do que quantitativas, capazes de avaliar cada contexto de implementação de uma nova tecnologia (DOT FORCE, 2001, p. 14).

6. A gestão do TLD (domínio de nível superior) é realizada em todo o mundo através do registro pelo site da Icann (Internet Corporation for Assigned Names and Numbers), uma organização sem fins lucrativos com sede nos Estados Unidos (http://www. icann.org). Para dar um exemplo da importância da Icann em nível internacional, essa organização, nos primeiros meses de 2000, concedeu à Palestina o registro de TLDsm, ou seja, sites com extensão ".PS". Essa decisão causou polêmica porque, como todos sabemos, a Palestina não é um Estado independente. A justificativa da organização baseou-se em decisões anteriores. Já tinha sido reconhecida, p. ex., a extensão ".CAT" para a comunidade linguística catalã, que, da mesma forma que os domínios ".PS", está ligada a um território e não a uma nação reconhecida. Essas questões são, no entanto, cada vez mais difíceis de desatar no debate internacional, uma vez que estão relacionadas a opções de orientação política. Por outro lado, existe outro problema denunciado pela sociedade civil e as organizações, que tem a ver com o conceito de governança da rede. Governança é, de fato, a gestão política da internet, o que em si mesmo é uma contradição, já que a internet é uma tecnologia desenvolvida em grande parte por processos "de baixo para cima", que criaram o sistema dos domínios de rede, agora administrado pelas autoridades centrais. O debate sobre a governança da internet continua nas reuniões anuais do Fórum Global de Internet (disponível em http://www.intgovforum.org/cms/) envolvendo políticos, organizações e associações de todo o planeta.

Em conclusão, parafraseando Amartya Sen (1990), pode-se afirmar que as tecnologias podem tornar-se "meios para conseguir a liberdade". A construção de uma sociedade justa implica permitir o acesso às TICs a todos os cidadãos do mundo para que eles possam não só participar da organização democrática da sociedade, mas também, de modo geral, perseguir a sua própria concepção de "bem pessoal" (O'HARA & STEVENS, 2006, p. 287). Concretamente, isso significa compreender como as TICs podem influir positivamente sobre a desigualdade, fortalecer a autonomia nas escolhas pessoais e ajudar a exercer os direitos de cidadania (BARBALET, 1988).

1.1.3 A importância do acesso à informação

O debate sociológico sobre a relação entre tecnologia e sociedade no novo milênio focaliza o impacto cultural das tecnologias de informação e comunicação, dispositivos eletrônicos que permitem representar dados em formato digital e enviá-los, em tempo real, através da World Wide Web[7]. Eles são configurados como um recipiente de informações heterogêneas em escala global, em que tempo e distância são comprimidos, permitindo a manipulação e a transferência de uma quantidade de informações que era impensável algumas décadas atrás.

Esse sistema é uma revolução do ponto de vista técnico, pois permite acelerar e melhorar os processos e produtos de comunicação, porém o mais significativo são as repercussões que ele tem sobre a cultura do nosso tempo, através das finalidades que os usuários dão a esse sistema. Em outras palavras, os avanços técnicos tornam a comunicação interativa, dão espaço para a criatividade do usuário, permitem novas formas de expressão de conteúdos, enriquecem as ideias e afetam as identidades individuais e as práticas sociais (LEMOS, 2009).

É fácil perceber que essas mudanças tiveram grande impacto sobre o conhecimento *lato sensu*, transformando todas as esferas humanas. Por isso, Castells (1996, p. 87) alega que a peculiaridade da revolução tecnológica atual "não está na centralidade do conhecimento e da informação, mas na aplicação de dispositivos de conhecimento e informação para a geração de conhecimento e processamento da informação, em um ciclo de realimentação cumulativa entre a inovação e os usos da inovação".

---

7. A World Wide Web é apenas uma das aplicações da internet, mas a sua propagação e o seu sucesso foram tais que a web e a internet tornaram-se sinônimos. Ela apresenta-se como um imenso espaço comunicativo em que a informação é organizada mediante hipertextos interligados por uma rede de comunicações. As informações também são armazenadas em formatos (HTML, XML etc.) compartilhados a partir de qualquer computador conectado à rede. A transferência de dados acontece pelo protocolo TCP/IP, que também é partilhado por qualquer tipo de máquina que se conecta à internet. A última fronteira da inovação tecnológica é a web 2.0, que suporta a transmissão de dados de qualquer tipo, graças à disponibilização de espaços on-line que podem lidar com a transmissão e a gravação de pacotes de informação "pesados". Na análise de O'Reilly (2005), a web 2.0 é definida como "um sistema que não tem fronteiras, mas sim um centro de gravidade, um conjunto de princípios e práticas que compõem um sistema solar de sites, que mostram alguns desses princípios ou todos eles, a uma distância que varia do centro".

De fato, as transações econômicas e os movimentos de capitais são extremamente mais rápidos e eficientes do que no passado, mas o que determina o sucesso do sistema é a capacidade da mente humana de transformar-se numa força produtiva direta. A especificidade do que atualmente chamamos de sociedade da informação é, assim, a relação entre os processos sociais de criação simbólica e a capacidade de usá-los para produzir bens e prestar serviços. A internet altera algumas de nossas crenças anteriores (como a de que a informação é difícil de se encontrar) e coloca sempre mais informações no centro da demanda do mercado, o que as transforma num verdadeiro bem primário (VAN DIJK, 2005b).

A informação é um recurso primordial para a tomada de decisões, pois é a partir dela que o sujeito pode construir uma relação ativa com o mundo, em termos de relações sociais, participação política e desenvolvimento intelectual. No entanto, sua eficácia é inconstante devido às disparidades e diferenças na sociedade. Uma informação pode ser recebida, compreendida e aceita por um usuário, mas ser inútil a outro, pois o seu valor qualitativo e a sua coerência dependem do ambiente de atuação. Para que a informação seja um elemento efetivo de oportunidade e represente um "bem" para o indivíduo, é necessário que seja entendida, absorvida, processada e transformada. Por si só, ela é algo contingente, associado à novidade que é capaz de trazer, e, em consequência, tem uma validez inteiramente evanescente (KALLINIKOS, 2006). Certamente, a maior velocidade de sua transmissão lhe atribui um valor de troca intrínseco, mas isso também requer a capacidade de dominar os códigos em que é formulada. Apesar da sobrecarga de informação geral de que estamos aparentemente sendo investidos, há uma falta generalizada de controle da informação, o que corresponde, segundo alguns autores, a uma desvantagem estratégica, especialmente em termos de produtividade e poder socioeconômico (MELUCCI, 2000; VAN DIJK, 2005b). Em outras palavras, a informação contém um aspecto cognitivo, que permite construir em torno dela um conteúdo semântico, e, ao mesmo tempo, um aspecto comercial, derivado do valor que os usuários lhe atribuem.

Por outro lado, na sociedade digital, as informações são formuladas pela colaboração de milhões de pessoas. Qualquer um pode publicar suas opiniões e seus conhecimentos na internet, colocando seus recursos à disposição de outros usuários, e colaborar, assim, na criação do que De Kerckhove (1997) chama de "inteligência conectiva", e Siemens (2005), mais recentemente, de "conectivismo". A principal característica dessa forma de interação é que, participando dela, cada indivíduo conectado se insere em um processo de "externalização de inteligência". A rede, assim, passa a constituir, ela mesma, uma forma de inteligência determinada pela relação de agentes individuais, produzindo aprendizagem e inovação, e melhorando as habilidades e o desempenho, não só do sistema como um todo, mas também das pessoas que fazem parte dele.

Desse ponto de vista, pode-se dizer que as TICs geraram uma mudança nas formas de conhecer o mundo, transformando o modelo de conhecimento de "centro único" numa "rede" de pressupostos teóricos, atitudes, pensamentos e culturas diferentes. Essa forma de intercâmbio entre os sujeitos aumenta o potencial de troca dialógica, mas, ao mesmo tempo, coloca o desafio de transformar a informação em conhecimento, de vincular as informações entre elas, de superar a fragmentação e de compreender a realidade com um quadro completo. Ao considerarmos que os usos das tecnologias podem ativar diversos potenciais, concordamos com Burbules e Callister (2000) quando enfatizam que a tecnologia não pode ser pensada de forma unilateral, isto é, como mero instrumento do qual fazemos uso. O uso em si modifica social e culturalmente o usuário, ativando inteligências e habilidades diferentes, construindo e favorecendo novas competências. A adoção das TICs no nosso cotidiano, afirmam os autores, muda o que queremos realizar, o que tentamos realizar e o que pensamos que seja possível realizar: muda nossos objetivos, interpretações e significados. Elas servem não só como ajuda externa, mas também como fator de transformação interior da consciência (ONG, 1982)[8]. Por isso, elas exigem alterar as proporções de passividade e atividade mental no acesso à informação.

Nessa perspectiva, a grande quantidade de informação disponibilizada pela web 2.0 e o diálogo com os outros podem contribuir não só com a mudança do pensamento individual, mas também com a transformação das modalidades de participação na esfera pública (HABERMAS, 1981). Porém, levando em consideração essa oportunidade, temos de reconhecer que o não acesso à informação, seja por falta de disponibilidade, seja por incompetência do usuário, limita a participação dos cidadãos na esfera pública e põe em dúvida o tipo de "democracia" que está sendo posto em prática (GIDDENS, 2000; NUSSBAUM, 1998; SPLICHAL & WASKO, 1993).

À luz de todas as questões levantadas, ficam evidentes as motivações das Nações Unidas ao promover as TICs, as quais já há um tempo vêm sendo consideradas ferramentas indispensáveis para o surgimento de uma sociedade fundamentada no conhecimento (HAMELINK, 2000).

Quando se fala de "revolução digital", de "sociedade da informação", de "sociedade do conhecimento" ou de "sociedade em rede", na verdade é provável que se esteja ignorando que as tecnologias digitais são uma possibilidade real de

---

8. A afirmação é de Ong (1989), mas faz referência a uma série de estudos sobre aspectos cognitivos do indivíduo, relacionados com as mudanças introduzidas pelas TICs. Já nos anos de 1960, Engelbart, o inventor do *mouse*, sublinhava que computador e usuário estavam conectados de forma dinâmica: os "pulos" que o computador permite estimulam a mente humana, que funciona por associações. Mais recentemente, Fabio escreve: "A teoria da rede neuronal está associada aos modelos cognitivos conexionistas, segundo os quais a elaboração dos dados no nosso cérebro é distribuída em paralelo, em forma de módulos separados ou seguindo percursos 'em cascata' nos quais a informação é elaborada num nó só após ter atingido certo nível de elaboração no nó precedente. À luz destes modelos, o funcionamento da mente e do hipertexto pareceria ter muitos pontos de contato. Apesar da semelhança, ainda está para ser provado que o uso de hipertextos possa facilitar os processos cognitivos, pois, na verdade, muitas vezes estes parecem provocar desorientação e carga cognitiva" (FABIO, 2002, p. 161). Outros estudos de referência são os de Alvermann sobre os níveis de atenção dos usuários em relação aos conteúdos da rede, com particular atenção à idade adolescente (ALVERMANN, 2002).

apenas 42% da população mundial[9], pois a maior parte do planeta está excluída dos grandes fluxos de comunicação e da capacidade de ser autora de informação e criadora de conhecimento. Isso significa que o artigo 19 da Declaração Universal dos Direitos Humanos – referido ao direito de todas as pessoas à liberdade de receber e transmitir informações através de qualquer mídia – está sendo amplamente desconsiderado (NAÇÕES UNIDAS, 1948). Se a intenção é compreender a informação como um bem primário e comum, e ao mesmo tempo como uma forma de acesso à cidadania e aos direitos universais, precisamos aprofundar a relação entre tecnologia e desenvolvimento, a fim de identificar as medidas necessárias para perseguir uma concepção compartilhada de "bem" (O'HARA & STEVENS, 2006).

1.2 História do conceito de "exclusão digital"

A expressão "exclusão digital" está relacionada com as disparidades econômicas e sociais, em escala global, que existem entre os países industrializados e os países em desenvolvimento. Geralmente, o conceito se refere às desigualdades no acesso e uso das tecnologias digitais, mas a aparente simplicidade dessa definição esconde questões conceituais difíceis de resolver, inclusive de explicar. A exclusão digital é uma consequência das diferenças existentes entre o Primeiro e o Terceiro Mundo ou é uma causa adicional? É expressão da desigualdade socioeconômica no sistema de mercado contemporâneo ou manifestação de uma nova e mais profunda desigualdade? A expressão refere-se à posse de tecnologia ou ao seu uso? E, ainda, de quais tecnologias estamos falando?

Neste capítulo foi amplamente discutida a importância das TICs para a sociedade e para o desenvolvimento. Seguindo essa linha de pensamento, podemos abordar a questão da exclusão digital, a partir de um ponto de vista teórico, examinando os elementos que vão além de uma explicação puramente econômica. Porém, ao olharmos para a literatura sobre o assunto, parece difícil seguir nessa direção.

1.2.1 O conceito de exclusão digital na literatura

A existência da exclusão digital – em inglês, *digital divide* – como um problema é reconhecida, pela primeira vez, pela NTIA, a agência nacional de telecomunicações dos Estados Unidos[10], que, em 1995, publicou o primeiro de um total de seis relatórios sobre as desigualdades nacionais no acesso às telecomunicações. No terceiro relatório da agência, a exclusão digital é definida como "a desigualdade socioeconômica dos indivíduos marcada pelo nível de acesso às tecnologias da

---

9. O dado aqui mencionado refere-se à porcentagem média de penetração da internet em cada país. A maioria desses usuários concentra-se na América do Norte (87%), Oceania (73%) e Europa (70%). A América Latina posiciona-se em quarto lugar, com 53% da população com acesso à rede. Dados atualizados em junho de 2014. Fonte: http://www.internetworldstats.com/stats.htm
10. NTIA – National Telecommunications and Information Administration.

informação e da comunicação" (NTIA, 1999). Daí a distinção estabelecida entre os chamados "ricos em tecnologias" e os "pobres em tecnologias", etiquetas que são ilustrativas da simplificação do conceito na direção de uma polarização: a desigualdade entre quem tem acesso às TICs e quem não tem.

Em 2001, a Organização para a Cooperação e Desenvolvimento Econômico (Ocde) fez uma nova contribuição, levando em consideração maior quantidade de elementos: "A exclusão digital é a diferença entre indivíduos, famílias, empresas e áreas geográficas em diferentes níveis socioeconômicos, no que diz respeito às oportunidades de acesso às TICs e ao uso da internet para uma grande variedade de atividades"[11].

No mesmo ano, a partir do Relatório Anual de Desenvolvimento Humano do Programa de Desenvolvimento das Nações Unidas (Pnud), surge a avaliação de que "a internet ajuda a aumentar a distância social entre ricos e pobres, porque ela é em si uma oportunidade" (UNDP, 1999, p. 24). Assim, ela é reconhecida não apenas como veículo de acesso aos serviços, mas também como espaço de construção de novos conhecimentos, de interação (pelas redes sociais) e de acesso a todo tipo de informações. Por outro lado, é evidente que não há uma relação direta entre o acesso aos equipamentos tecnológicos e o desenvolvimento econômico de um país. Ainda mais difícil é avaliar o impacto da tecnologia sobre o desenvolvimento humano e social.

Na primeira década do novo milênio, a literatura sobre exclusão digital polariza-se em duas posições. Alguns autores desprezam o problema, e outros propõem soluções aparentemente muito simples. Entre os primeiros, que podemos chamar de *céticos*, a exclusão digital é vista como um "mito", uma "fórmula exagerada" ou um "problema inexistente" (BRADY, 2000; SOMERSON, 2000). Para eles, esse fenômeno seria uma questão de pouca importância em comparação com outras mais graves cuja resolução é prioritária, como, por exemplo, a fome ou a pobreza no mundo. É evidente que essa objeção tem fácil e imediata aceitação na opinião pública (KUTTAN & PETERS, 2003). Porém, da mesma forma, encontraria aceitação a resposta de Wilson (2004), segundo a qual os líderes que falham em avaliar a importância das oportunidades oferecidas pelas TICs poderiam obter o mesmo resultado que os líderes que falharam na construção de indústrias ou ferrovias no início da Revolução Industrial.

O outro polo do debate, composto pelos que poderíamos chamar de *tecnicistas*, reconhece a importância do problema. No entanto, eles o abordam apenas do ponto de vista da presença/ausência de tecnologia, variável que parece ser a única necessária para resolvê-lo. Promover o acesso à infraestrutura de tecnologia, e em particular à internet, é a indicação mais comum que essa literatura oferece para resolver a exclusão digital. Van Dijk (2005b, p. 22) sugere que isso é devido à interpretação meramente técnica do adjetivo "digital", a qual dá importância à dimensão quantitativa do acesso, aos elementos de inovação e con-

---

11. Site da Ocde: http://www.oecd.org – Acesso em mai./2014.

corrência no setor das telecomunicações, ao incremento no uso de fibra óptica e ao aumento da disponibilidade da rede elétrica. Essa parece uma resposta inteiramente coerente, se olharmos para as pesquisas que, no mundo inteiro, têm tratado a questão da exclusão digital como assunto absolutamente quantitativo, medindo o número de *hosts* e sua distribuição geográfica (PAGANUZZI, 2007).

A partir dessa primeira cisão entre *céticos* e *tecnicistas*, percebemos que o assunto da exclusão digital possui mais articulações e é mais complexo do que parece, de modo que, para poder analisar os elementos que a configuram, torna-se necessária uma atitude mais crítica.

1.2.2 Definição de exclusão digital

A expressão inglesa *digital divide* não possui exatamente o mesmo sentido que a expressão portuguesa porque, mais do que exclusão ou marginalidade, expressa a ideia de "fratura" ou "brecha", a qual leva imediatamente a acreditar que há uma discrepância entre dois grupos definidos, ou seja, uma lacuna difícil de superar (VAN DIJK, 2005a, p. 4). Apesar de não estar claro quem são os sujeitos que compõem um ou outro grupo, geralmente pensamos que se trata de uma desigualdade entre riqueza e pobreza. Mas a noção de discrepância também é captada por agências internacionais, as quais a associam mecanicamente com o abismo global que existe entre o norte e o sul do mundo (UNDP, 2001). Assim, a exclusão digital é interpretada de acordo com uma lógica polar que é factualmente imprecisa, por vários motivos.

Em primeiro lugar, a visão dicotômica não considera os avanços teóricos sobre a compreensão dos processos de mudança social, especialmente sobre o papel da comunicação (DE HAAN, 2004; SARTORI, 2006). Ela não é capaz de representar uma realidade que é refratária às divisões binárias, pois carece das nuanças linguísticas para dar conta de sua complexidade. Desse modo, acaba caindo no erro de desconsiderar as potencialidades de desenvolvimento intrínsecas aos recursos dos diferentes grupos sociais (WARSCHAUER, 2003).

Em segundo lugar, de um ponto de vista puramente ético, a dicotomia entre ricos e pobres em tecnologia é enganosa, pois ela parte da premissa de que a tecnologia é a *norma*, da qual os que não a possuem ficariam, por sua vez, excluídos. "O valor das TICs foi impulsionado por circunstâncias únicas, que são aplicáveis apenas a uma pequena parcela da população mundial. Ao definir os outros como deficientes, não simplesmente fornece uma expressão neutra da desigualdade, mas exerce uma lógica enviesada, que já garante a posição de uma minoria privilegiada e subestima e simplifica a posição dos outros" (GUNKEL, 2003, p. 20). Nesse sentido, alguns autores apontam para o fato de que o estereótipo de que haveria certos grupos minoritários, que corresponderiam aos "desconectados", teria o efeito de promover, inclusive ainda mais, a estratificação social, ao desestimular o esforço dos fabricantes e provedores de conteúdo por alcançar esses grupos. Assim, nas lógicas de mercado dar-se-ia exatamente a dinâmica da chamada profecia autorrealizada: o preconceito com alguns grupos sociais influenciaria a oferta de empresas e patrocinadores, desfavorecendo ainda mais as minorias.

O terceiro problema de dividir a população do mundo em dois grandes blocos encontra-se no fato de que, desse modo, utiliza-se apenas uma variável para definir o abismo digital: o da presença ou ausência de hardware. É assim que se abre caminho rumo ao tecnicismo, o qual oculta, de fato, uma tendência determinista, ao explicar fenômenos compósitos através de uma relação única de causa e efeito (SMITH & MARX, 1994). No caso da exclusão digital, a variável independente é a posse de tecnologia (ou acesso à conexão), e o resultado da presença/ausência dessa variável é a mudança esperada pelo quadro de desenvolvimento (COMPAINE, 2001). A pedra angular ideológica sobre a qual repousa esse tipo de determinismo é o conceito de neutralidade da tecnologia, que concebe essas inovações como entidades autônomas capazes de estabelecer-se dentro de qualquer estrutura social, com efeitos previsíveis. A mera exposição a tecnologias específicas seria capaz de desencadear, nos países em desenvolvimento, os processos de crescimento já em curso nos países industrializados. Aceita-se, dessa forma, uma visão linear do progresso, que considera que o mundo ocidental é a expressão máxima do desenvolvimento e o portador de um modelo cultural e econômico de alcance e benefício universal.

Em contraposição à análise que se articula a partir da divisão em dois grandes blocos, alguns autores sugerem que seria mais correto pensar em diferentes categorias. Bertot (2003, p. 185-191) enfatiza as "múltiplas dimensões" da brecha digital, insistindo na necessidade de não reduzir essa questão à separação simplista entre ricos e pobres. Em uma classificação proposta por Katz e Rice (2002, p. 35), e mais tarde reelaborada por Van Dijk (2005a, p. 4), mencionam-se, por exemplo, os chamados usuários intermitentes, também conhecidos como *drop-outs*, que desaparecem por longos períodos, que de improviso deixam de acessar a rede, que se evadem, ou seja, que simplesmente se recusam a utilizá-la, independentemente da capacidade de acessá-la. Já com essas distinções – mesmo que ainda muito *quantitativas*, pois se baseiam apenas no tempo gasto pelos usuários na rede – percebemos que existem grandes categorias de usuários que têm hábitos diferentes no uso da internet.

Além disso, sabe-se que o foco das pesquisas mais recentes está mudando na direção de desafios como a igualdade em termos de habilidades, a sustentabilidade dos recursos, a distribuição de conhecimento para o desenvolvimento humano, a participação política e social. Ao considerar os aspectos sociais e psicológicos do uso das TICs, Bucy e Newhagen (2004) observam que, no estudo da exclusão digital, é preciso distinguir dois discursos fundamentais: um relacionado com a tecnologia como ferramenta e outro relacionado com o conteúdo ao qual a tecnologia dá acesso. Nesse sentido, as pesquisas de DiMaggio e Hargittai (2004) proporcionam uma contribuição fundamental para entender as diferenças de uso das TICs. Os autores retomam a trajetória dos estudos sobre *digital divide* e examinam a forma como o conceito mudou ao longo do tempo. Inicialmente, acreditava-se que a internet melhoraria a igualdade de acesso à informação pela redução de custos. Em seguida, foi a vez da "nova economia", o grande sonho de evolução e expansão do sistema de comércio para novas perspectivas, que se resolveu, na passagem para o ano de 2000, com uma grande bolha (FARISELLI, 2005). Passada a euforia inicial pela web, tornou-se evidente não só que existiam disparidades de acesso "quantitativas" (alguns usuários navegavam mais do que outros), mas também que essas diferenças estavam relacionadas com fatores socioeconômicos. Ou seja, que o acesso desigual às TICs podia estar associado a desníveis territoriais, de renda, de gênero, de idade, de raça e de acesso à educação. O que está mudando com o tempo, argumentam DiMaggio e Hargittai, é a *questão* subjacente à pesquisa sobre a brecha digital. Se, há uma década, estudava-se "onde os usuários acessam", agora parece ser muito mais interessante examinar "o que eles fazem on-line", pois é justamente esse o elemento discriminante.

Finalmente, Warschauer (2003), Ferlander e Timms (2006) e Sartori (2006) ressaltam que renunciar à visão polar em favor de uma perspectiva contínua com base em diferentes níveis de acesso e diferentes usos das TICs ajudaria a superar outra grande limitação das teorias dicotômicas: a análise de um problema de natureza altamente dinâmica como as TICs, a partir de um ponto de vista estático. Essa afirmação introduz outro aspecto crítico da questão das disparidades, vinculado aos processos de inovação tecnológica.

A inclusão digital, com suas variantes teóricas e adaptações práticas, ainda não foi submetida a um escrutínio empírico rigoroso no Brasil. Em linha com as tendências internacionais, a maioria dos estudos sobre o tema focaliza a definição dos indicadores utilizados para medir a inclusão digital, a partir da relação entre a desigualdade social já existente e o acesso à tecnologia (DE MATTOS & CHAGAS, 2008). Porém, do nosso ponto de vista, as pesquisas mais significativas não são essas, mas aquelas que se concentram na definição teórica da inclusão digital e na relação que esta tem com as políticas públicas de todos os níveis da administração, pondo particular atenção nas frentes ativistas do software livre (BONILLA & PRETTO, 2011; SILVEIRA, 2008). Delas emerge a relação entre inclusão digital e educação, e o interesse por pesquisar as possibilidades de autoria e produção de conhecimento, que derivam da apropriação da tecnologia como cultura.

Voltaremos a essas questões mais adiante. Antes disso, é preciso desconstruir algumas crenças que têm repercussão nas políticas públicas de caráter nacional e internacional, delineando os pressupostos subjacentes nos debates atuais sobre a exclusão digital.

1.2.3 O aprofundamento da divisão

Na tentativa de definir teoricamente o conceito de inclusão digital, pudemos observar a frequente confusão que existe entre desenvolvimento e inovação tecnológica ou entre *inclusão digital*, por um lado, e *difusão de tecnologia*, por outro. Porém, o que não explicamos ainda é que, mesmo entre as teorias da difusão tecnológica, existem diferenças substanciais, explicitadas por diferentes modelos de desenvolvimento social. Por que isso é importante para nosso foco de estudo? Porque os pressupostos das teorias da inovação repercutem nas políticas públicas para a inclusão digital e, consequentemente, no seu impacto social.

Em sua teoria da difusão das inovações, Rogers (2003) afirma que elas se espalham seguindo basicamente dois modelos: de "padronização" ou de "estratificação".

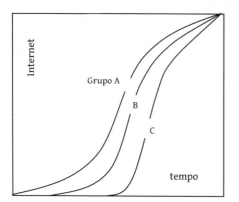
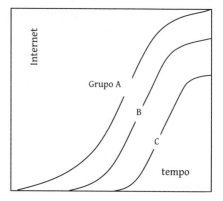

Figura 1 Hipótese da padronização e hipótese da estratificação, baseadas nas teorias de Rogers (2003).

A primeira curva mostra um nivelamento gradual das diferenças em termos de acesso, dependente da progressiva redução de custos, de interfaces cada vez mais simples, da expansão de conteúdo e de efeitos de rede. Como explica Sartori (2006, p. 32), "a previsão é que haja um declínio na demanda quando se atinge o nível de saturação semelhante ao de qualquer outro aparelho". Em apoio a essa hipótese, as teorias da convergência argumentam que é justamente a diferença entre os "pioneiros" e os "atrasados" que fará com que os últimos deem o salto para o progresso (ESCOT, 1998; FLICHY, 1996). Isso ocorre porque as economias mais pobres tendem a crescer em ritmo muito mais rápido, em comparação com os países já estabelecidos economicamente. As nações em desenvolvimento seguem caminhos que já foram testados anteriormente pelos países industrializados, o que aumenta a sua capacidade de absorver as novas tecnologias, para atrair capital e participar dos mercados globais. A longo prazo, desse processo resulta uma convergência em termos de renda *per capita* e de produtividade. "Aqueles que estão por trás têm o potencial de fazer um salto mais significativo. O novo capital de conhecimento pode facilmente ultrapassar os limites existentes, de modo que, quanto maior a brecha tecnológica e produtiva entre o líder e o seguidor, tanto maior o potencial de crescimento da produtividade deste" (ABRAMOVITZ, 1990, p. 221).

Entretanto, existem autores que se mostram céticos em relação a essas previsões de convergência. Respondendo à teoria de Abramovitz, Singer (1970), por exemplo, observa que, embora os países em desenvolvimento tenham facilidade de acesso ao conhecimento já elaborado pelos países "desenvolvidos", isso não implica, como seria esperável, que haja assimilação desse conhecimento, pois seus conteúdos têm pouco a ver com os problemas locais. Isso explica também por que é difícil fazer previsões com relação à tendência de crescimento desses países. Assim, se for verdade que os principais índices mundiais sobre posse de TICs revelam uma difusão gradual de hardware e de software, bem como de acesso à internet, também é verdade que, olhada de outro ponto de vista, a diferença está crescendo em vez de diminuir, evidenciando desigualdades cada vez mais profundas (VAN DIJK, 2005b). Kuttan e Peters (2003) atribuem essa amplificação das diferenças à contínua reinvenção da rede, fator que deve ser considerado em conjunto com a sua propagação. Em outras palavras, o que esses autores afirmam é que pensar a velocidade de expansão em termos de equidade da distribuição seria errado, pois a internet é cada dia mais complexa de se gerir e, consequentemente, requer mais capacidades de uso, o que só pode resultar em aumento da brecha entre ricos e pobres. Dito de outro modo, pobreza de informação hoje corresponde a empobrecimento de informação amanhã.

Na esfera política, seguir a hipótese da convergência pode ser prejudicial, considerando que o potencial dos países nem sempre se traduz em desenvolvimento. As possibilidades de convergência não são impossíveis, mas dependem de ampla gama de circunstâncias que devem confluir dentro do país em desenvolvimento. Elas compõem o "sistema tecnológico" inicial ou aquilo que se entende precisamente por estratificação: se as tecnologias espalham-se em uma estrutura social em que já existe grande desigualdade, a polarização aumenta, porque "os consumidores mais lentos em adotar a nova tecnologia não serão capazes de encher a brecha que os separa dos inovadores" (SARTORI, 2006, p. 32). Essa visão, na verdade, é uma transposição da teoria do conhecimento diferencial, ou das *lacunas de conhecimento*, proposta por Tichenor, Donohue e Olien (1970), segundo a qual a estratificação é amparada por elementos sociais e econômicos. As pessoas de maior nível socioeconômico terão sempre vantagem na exploração de novas fontes de informação, já que podem, devido a sua maior renda, arcar com a despesa de possuí-las com antecipação. Dessa forma, a diferença de conhecimento, em vez de diminuir, aumenta. Na mesma linha de pensamento, Buckingham e Willett (2006, p. 98) afirmam que "nos próximos anos, o grau de acessibilidade às mídias digitais aumentará de forma significativa, graças à redução dos custos, mas nós continuaremos a ver uma polarização crescente entre os 'ricos em tecnologia' e os 'pobres em tecnologia'".

Van Dijk (2005b) também apoia a teoria da estratificação, mostrando como, nos últimos anos, a diferença nos países ricos tendeu a diminuir e, nos países em desenvolvimento, a aumentar.

Em conclusão, as pesquisas apontam que, no uso das tecnologias digitais, em vez de convergência, há divergência entre os países ricos e pobres, além de acumulação progressiva de atraso no desenvolvimento econômico dos países mais desfavorecidos.

Por outro lado, já argumentamos que o desenvolvimento *lato sensu* não pode ser medido exclusivamente em termos econômicos. A tecnologia está evoluindo tão rápido quanto os próprios costumes sociais a ela relacionados. Assim, considera-se fundamental abrir espaços de pesquisa que levem em conta as diferentes variáveis associadas ao desenvolvimento, como a democracia e a educação (NORRIS, 2001), as quais, em conjunto, são capazes de gerar melhorias sociais mediante a criação de capital humano. Segundo a autora, a familiaridade com a tecnologia e com a web promove o acesso ao conhecimento, pois os cidadãos de níveis mais elevados de educação adaptam-se mais facilmente às inovações tecnológicas, círculo virtuoso que é a base do desenvolvimento econômico e humano. O nível de educação fornece uma vantagem cognitiva inicial que permite processar novas informações de forma mais eficaz, de modo que o retorno do investimento no conhecimento seja maior.

Para aprofundar a análise dessas variáveis, teremos que examinar as diferentes interpretações da expressão exclusão digital, para depois, seguindo o exemplo das contribuições teóricas mais recentes, abandonar o seu uso.

1.2.4 Múltiplas brechas e múltiplos acessos

Se aceitarmos a ideia de Tichenor, Donohue e Olien (1970) sobre as *lacunas de conhecimento*, teremos de admitir que a exposição tecnológica e midiática por si só não é condição suficiente para o uso produtivo da tecnologia. À medida que aumentam no mundo os usuários da internet e das TICs, estamos cada vez menos interessados em saber quantas pessoas encontram-se conectadas e mais interessados no uso que essas pessoas fazem da tecnologia que possuem. A abordagem das pesquisas nos últimos anos avança nessa direção e exige, para responder às questões levantadas pelo debate internacional, uma articulação da definição de exclusão digital (SARTORI, 2006).

Entre os primeiros a propor uma interpretação mais ampla da exclusão digital encontramos a cientista política Pippa Norris (2001), a qual distingue três tipos de brechas: de caráter global, social e democrático. Os dois primeiros níveis coincidem com o significado mais utilizado do termo: a distinção entre os países com certa quantidade mensurável de acesso às novas tecnologias e os países em que as TICs têm ainda difusão muito limitada. As estatísticas sobre a penetração da internet, por exemplo, entram nesse tipo de considerações. Nos índices mundiais relacionados com a exclusão digital, esses dados são facilmente comparáveis com os que opõem os países que alcançaram padrões de países em desenvolvimento e aqueles que estão abaixo da linha da pobreza[12]. De acordo com Norris, as causas dessa diferença devem ser atribuídas não só aos fatores econômicos, mas também às atitudes de cada cultura diante da ciência e da tecnologia, ao impacto das políticas públicas, ao interesse pessoal pelas informações on-line e às motivações do indivíduo ao se informar. Por outro lado, se olharmos para as diferenças socioculturais internas de um país, estaremos considerando mais de perto as razões que determinam o privilégio de alguns grupos sociais: sexo, idade, *status* social, renda, escolaridade, localização geográfica, infraestrutura de tecnologia etc. (DICKINSON & SCIADAS, 1996)[13].

Por fim, Norris (2001) identifica uma brecha em termos de participação política dos usuários da web, que ela chama de "fratura democrática". Mossberger (2003) acrescenta que esse tipo de lacuna pode ser medido a partir da relação dos usuários com serviços como o voto eletrônico ou da sua participação em foros de discussão on-line. Por ser um ambiente aberto à discussão e à expressão pessoal, a internet facilita a manifestação livre de opiniões, e não faltam as iniciativas de jovens que mostram como ser criativos no uso político da web[14]. Além disso, a internet pode dar voz às minorias, tornando-se uma ferramenta útil e poderosa nas mãos dos cidadãos daqueles países onde a democracia e a liberdade de expressão são mais difíceis de conquistar. Porém, pesquisas mostram que mesmo as instituições políticas, até agora, fizeram uso bastante "conservador" das tecnologias digitais, aproveitando muito pouco de seu potencial. Da mesma forma, os cidadãos mais ativos em foros de discussão política on-line parecem ser os que já tinham propensão para o ativismo político antes da internet. Geralmente, os que menos se beneficiariam desse espaço para debater e se expressar seriam aqueles que permanecem à margem da comunicação on-line, bem como da vida social, por falta de capacidade, de habilidade ou simplesmen-

---

12. A linha da pobreza é convencionalmente definida a partir do Índice de Pobreza Humana do Programa das Nações Unidas para o Desenvolvimento (Pnud). Os indicadores de pobreza, de acordo com esse índice, são: a probabilidade dos nascidos de sobreviver para além dos 40 anos de idade, o grau de analfabetismo de adultos, a proporção de pessoas sem acesso à água e o percentual de crianças desnutridas com menos de 5 anos de idade. A análise desses indicadores levanta uma linha de pobreza em três níveis: porcentagem da população que sobrevive com menos de um dólar por dia, porcentagem da população que sobrevive com menos de dois dólares por dia, porcentagem da população nacional que está abaixo da linha da pobreza (PNUD, 2008).

13. Apesar de não mencionar explicitamente a exclusão digital, já em 1996 Castells fez uma incisiva distinção entre esses dois significados, afirmando que as TICs se caracterizavam por expandir seletivamente, incluindo ou excluindo das redes de informação e comunicação empresas ou populações inteiras que não eram capazes de acessar e de fazer uso efetivo dos produtos da chamada "revolução digital".

14. Alguns sites de debate e participação juvenil citados por Buckingham e Willet, 2006: http://www.servenet.org, http//www.ysa.org (voluntariado), http://www.youthnoise.org (filantropia jovem), http://www.westsidecid.org (participação de comunidade local), http://www.iearn.org (questões globais e compreensão internacional), http://www.wiretapmag.org (jornalismo on-line e produção de mídia), http://www.haremlive.org (acesso e equidade), http://www.tolerance.org (diferença e tolerância), http://www.ywca.org (desenvolvimento juvenil positivo), http://www.freetheplanet.org (ativismo juvenil).

te de motivação (MOSSBERGER et al., 2003). As contribuições teóricas sobre os fenômenos da participação massiva nos protestos dos últimos anos tentam entender as novas lógicas que guiam as grandes agregações de cidadãos, propondo-as como um atributo das plataformas digitais mais do que uma expressão de democracia (BENNETT & SEGERBERG, 2013; CASTELLS, 2013; GUTIERREZ, 2013). Concluímos, portanto, que o "potencial de convocação" das TICs precisa ser, certamente, pesquisado.

Podemos considerar esse terceiro tipo de exclusão digital identificado por Norris como uma consequência mais ou menos direta das duas primeiras formas de exclusão, pois acreditamos que a participação ativa dos cidadãos nos processos democráticos está diretamente relacionada com a sua familiaridade com o uso da rede, com a utilização diária do espaço de comunicação on-line, bem como com as motivações individuais que esses cidadãos possuem, as quais modelam um substrato prévio de consciência social e de interesse pessoal pela vida da comunidade.

A dificuldade de definir o problema reflete-se também na sua avaliação, pois para analisá-lo é geralmente difícil aplicar métodos de medição comuns (PAGANUZZI, 2007). Nos últimos anos construíram-se índices internacionais que levam em conta um conjunto complexo de variáveis (entre outras, a correlação entre penetração e uso da tecnologia, a inter-relação entre avanços tecnológicos, econômicos, regulatórios e de infraestrutura para a produção de bens e serviços)[15]. O último e mais interessante deles é o Índice de Oportunidade Digital (DOI), desenvolvido em 2005, durante o World Summit on the Information Society, em Túnis. Esse índice compara 180 países e considera todos os indicadores de "oportunidade": porcentagem da população coberta pela telefonia móvel, relação entre as taxas de acesso à internet e a renda *per capita*, vínculo entre renda e taxas de telefones celulares, entre outros elementos[16]. Embora ainda muito quantitativa, a vantagem desse tipo de medição está em ter incluído, entre os principais indicadores, também o *uso* que os indivíduos fazem da tecnologia, separando-o dos outros. Assim, o DOI sugere uma não correlação entre infraestrutura e uso, e até mesmo entre oportunidade e uso. Isso representa um primeiro avanço na consideração do uso real dos recursos tecnológicos, para além do problema do acesso.

Após ter esclarecido as diferenças entre a divisão global e a social, podemos passar a analisar o grande número de *teorias da continuidade*, que não só ultrapassam a definição polar do problema, mas inclusive ignoram a referência nacional ou global, levando em conta variáveis transversais.

---

15. ISI (Information Society Index): http://www.idc.com TAI (Technological Achievement Index): http://ictlogy.net NRI (Network Readiness Index, World Economic Forum): http://www.weforum.org/en World Bank, 2008.

16. É interessante notar que o DOI oferece uma categorização de países em que se destaca a repetição de "fraturas" entre norte e sul, de maneira muito próxima à do Índice de Desenvolvimento Humano.

Mossberger (2003) dá o primeiro passo nessa direção explicando que, se é verdade que o primeiro requisito para o acesso às TICs é de ordem material (hardware e conexão), isso pode não ser suficiente se o usuário não dispõe do segundo requisito: as habilidades para usar a ferramenta. A esse respeito, a autora distingue competência técnica de alfabetização, e afirma que ambos representam um desafio para o mundo político, que deve dar respostas à exclusão daqueles que querem aprender, mas não têm os meios. Para ela, o objetivo da política é criar oportunidades, expressão que evoca a possibilidade de superar as lacunas através de alternativas para escolher e de mobilidade no mercado de trabalho.

Buscando também uma definição de exclusão digital que dê conta da complexidade dos aspectos que estão envolvidos nesse fenômeno, DiMaggio e Hargittai (2004) propõem uma interessante distinção entre acesso e uso. De acordo com os autores, a condição *sine qua non* do acesso é sempre a disponibilidade de meios técnicos que, numa escala hipotética de níveis de oportunidade, representa a base. O segundo passo é o da autonomia, que pode ser investigada pelo controle que os usuários exercem ao usar a rede, e determinada por variáveis como, por exemplo, o local de acesso, o conforto, a flexibilidade do tempo de uso, as eventuais regras presentes no lugar. Segue-se o *know-how*, entendido como a combinação de conhecimentos profissionais, recursos econômicos e habilidades técnicas necessárias para utilizar a tecnologia. O quarto elemento de inclusão/exclusão é a disponibilidade de redes sociais: a hipótese é que, no estímulo e consolidação da motivação dos usuários, o apoio da comunidade local está agindo positivamente, materializado em assistência técnica e reforço emocional. Finalmente, a durabilidade da experiência faz toda a diferença e é diretamente proporcional ao interesse que o usuário tem de realizar o seu objetivo pessoal.

Essas referências mostram que a questão do acesso às novas tecnologias é explorada pelas pesquisas, mas de forma incompleta. Uma das instituições mais respeitadas internacionalmente, a União Internacional de Telecomunicações (ITU, 2003), por exemplo, afirma que o acesso às TICs e à internet deveria ser "equitativo, universal, acessível e generalizado". A declaração, aparentemente simples e razoável, parece sugerir que o critério político a ser tomado para garantir a universalidade é a mera conexão. Contudo, as pesquisas já destacaram que "a utilização eficaz das TICs é determinada por certas condições prévias, cuja satisfação é independente da infraestrutura" (O'HARA & STEVENS, 2006, p. 95), como, por exemplo, a diferença entre necessidades e preferências do consumidor. Por outro lado, declara-se que o acesso deve ser "generalizado". Mas isso significaria, por exemplo, que as áreas mais remotas do país devem ter a mesma infraestrutura das grandes cidades? Parece apropriado fazer algumas distinções.

Em primeiro lugar, é necessário diferenciar o acesso à internet do acesso às TICs em geral, já que a rede não esgota todas as novas tecnologias. Também é importante distinguir o acesso puramente físico ou material e o acesso entendido em termos de motivação e habilidades (O'HARA & STEVENS, 2006, p. 95).

Para evitar simplificar e polarizar de forma excessiva a definição de exclusão digital temos de levar em conta uma série de fatores que vão além da mera disponibilidade física de computadores. Alguns autores tentam uma síntese nesse sentido. Bucy e Newhagen (2004) apresentam o acesso às TICs como um processo linear, que ocorre por sistemas concêntricos (Figura 2).

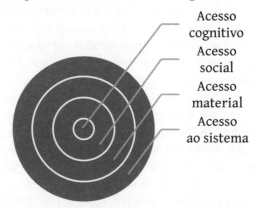

Figura 2 Representação do acesso na perspectiva de Bucy e Newhagen (2004).

A interface física, o computador, é o primeiro elemento de acesso. Depois começam a participar fatores sociais: educação, gênero, classe social etc. De acordo com os dois autores, o acesso será significativo somente quando todos esses passos tiverem sido alcançados.

Wilson (2004) é da mesma opinião. Porém, ele não vislumbra uma linearidade de elementos. A redefinição do conceito segundo esse autor envolve várias etapas:

1) Acesso físico e econômico – geralmente o único tipo de acesso considerado importante pelas políticas públicas.

2) Acesso cognitivo, ou seja, a capacidade intelectual que permite buscar e elaborar uma informação, além de gerir o conhecimento adquirido.

3) Acesso aos conteúdos: produção, reprodução e *remix* (LESSIG, 2008).

4) Acesso institucional, ou seja, acesso aos conteúdos, serviços e informações das instituições para os cidadãos.

5) Acesso político: participação na formulação de regras e nas decisões políticas do contexto em que o cidadão vive.

Em cada um dos níveis estabelecidos pela sua escala, Wilson distingue acesso formal de acesso efetivo. Colocar um computador em uma biblioteca é um exemplo de acesso formal. Pensar em como ajudar os usuários a encontrarem conteúdo relevante através dele poderia ser classificado como um exemplo de acesso efetivo. Mediante essa distinção o autor reconhece a variedade complexa de componentes que devem estar presentes simultaneamente para permitir que o cidadão acesse a informação ou serviço de que precisa. Assim, Wilson compara o conceito de acesso efetivo com a chamada "lei das redes de conhecimento", segundo a qual "o poder da rede aumenta exponencialmente com o número de computadores conectados a ela. Cada computador que é adicionado à rede a usa como um recurso e, ao mesmo tempo, adiciona nela novos recursos, em uma espiral de aumento de valor" (WILSON, 2004, p. 327)[17]. Wilson argumenta que o foco de interesse não é o usuário conectado, mas o usuário potencial, que não pode se conectar por questões econômicas, políticas e/ou sociais. Assim, em oposição à lei das redes de conhecimento, deveria ser criada uma lei que considere os custos atuais da exclusão social da rede. Os governos que perseguem políticas destinadas à difusão das TICs servem-se da primeira – a qual descreve uma curva de estratificação profunda – sem se interessar pelo fato de que, assim, geram maior desigualdade.

Outra importante contribuição para a reflexão sobre o significado do acesso às tecnologias digitais é a de Jan Van Dijk. O autor problematiza o modelo geralmente aceito de inovação, segundo o qual a aquisição do hardware está em primeiro lugar, explicando que "o acesso às mídias deve ser visto como um processo com muitas motivações sociais, mentais e tecnológicas e não como um evento único derivado da obtenção de uma determinada tecnologia. Neste modelo, o acesso físico é precedido pelo acesso motivacional e sucedido pelo acesso a capacidades e habilidades de uso" (VAN DIJK, 2005a, p. 8). A pedra angular do processo de desenvolvimento e do acesso ao conhecimento é a motivação. Para ter acesso às novas tecnologias temos que nos sentir atraídos, interessados. Se não tivermos uma razão e o tempo para utilizá-las ou se não conseguirmos ver os benefícios que elas oferecem, é difícil que invistamos no seu uso. Existem, assim, segundo Van Dijk, não apenas os que não têm tecnologia, mas também os que não querem[18].

O acesso material, cada vez mais difícil de alcançar dado o processo de estratificação – nomeado pelo autor como *deepening divide* –, é a passagem que permite o desenvolvimento de habilidades e, portanto, o uso da ferramenta tecnológica para a satisfação de necessidades individuais. Encontrar conteúdos interessantes e úteis, em seguida, é o fator que gera motivação adicional para o uso da rede, criando, eventualmente, um círculo virtuoso.

1.3 Desigualdade, iniquidade e exclusão digital

A maioria das soluções políticas para a exclusão digital caracteriza-se por um determinismo míope, mas, como observa Van Dijk (2005a), o debate conceitual

---

17. Sobre o assunto, cf. Coleman, 1990; Katz e Rice, 2002; Franco, 2008; Watts, 2003.

18. Algumas pesquisas também mostraram que existem fatores que tornam a internet desinteressante para as pessoas de baixa renda ou com nível de educação mais baixo (KATZ & RICE, 2002, p. 203-207). Outras, em vez de focar o número de usuários e o tempo de permanência on-line, concentram-se no que esses usuários realmente *fazem* do tempo em rede (HARGITTAI, 2002, p. 6).

sobre a expressão, que acompanhou essas soluções, teve o mérito de chamar a atenção para a desigualdade, iniciando uma reflexão muito importante, tanto para a educação quanto para a agenda política. A exclusão digital foi recentemente definida como "o conjunto de desigualdades sociais que dependem do nível de participação na sociedade tecnológica de indivíduos, famílias, empresas e instituições, assim como da presença de barreiras de acesso" (ZOCCHI, 2003, p. 17). Dessa definição evidencia-se a passagem de uma consideração simplória do vínculo entre tecnologia (entendida, sobretudo, como infraestrutura) e desenvolvimento (principalmente econômico), para uma visão mais ampla da exclusão, compreendida como diferenças nas possibilidades de crescimento e de mudança social.

Resta-nos ainda aprofundar a análise de dois temas: em primeiro lugar, a relação que subsiste entre a desigualdade digital e a social; em segundo lugar, as políticas promovidas para a redução da exclusão, isto é, a concepção de igualdade a ser alcançada.

1.3.1 Desigualdades novas e antigas

Um dos problemas abordados pela literatura sobre o assunto diz respeito à relação entre o acesso à tecnologia e as desigualdades sociais. O debate surge em torno da dificuldade de estabelecer se o advento das TICs reproduz as fraturas sociais existentes ou se é a própria tecnologia que gera novas desigualdades. Em linha com essa posição, segundo a qual a desigualdade digital é um fenômeno novo, organizam-se as teorias que afirmam que o acesso à informação é, na sociedade contemporânea, uma forma de aquisição de poder. O uso das mídias digitais parece de fato favorecer o surgimento de novas posições e papéis no interior das redes sociais, contribuindo não só com a exacerbação das antigas desigualdades, mas também com a criação de novas formas de iniquidade. Nesse sentido, o conceito de desigualdade parece assumir o significado de exclusão social expresso por Weber (1980) como o mecanismo em que o poderoso se mostra excluindo o menos poderoso dos benefícios de uma relação social simplesmente por decidir manter fechada essa relação. Tal definição foi mais recentemente reelaborada por Tilly (1998), segundo o qual fazer parte de uma rede, sobretudo numa posição de poder, pode oferecer muitos benefícios individuais, porém à custa daqueles que são excluídos.

No mesmo princípio baseia-se a Teoria do Capital Social formulada por Bourdieu (1986) e Coleman (1990). Bourdieu explica os processos de diferenciação social em termos do acesso que o indivíduo tem aos recursos materiais e simbólicos através das redes sociais de que dispõe. Por outro lado, Coleman considera o capital social, do ponto de vista individual, como o recurso que os atores são capazes de obter da sua rede de relações sociais e que "pode ser usado [por eles] para satisfazer o seu próprio interesse" (COLEMAN, 1990, p. 305). Melucci segue esse pensamento e fala de recursos para a individualização, os quais consistem na "disparidade de acesso aos códigos culturais com que o significado das ações é definido, a identidade individual e coletiva é construída e a cultura nativa é salvaguardada" (MELUCCI, 2000, p. 76).

Van Dijk se encontra só parcialmente de acordo com essa visão, pois distingue entre um ponto de vista individualista e outro relacional. No primeiro caso, o acesso às TICs dependerá das características pessoais dos indivíduos (idade, gênero, renda, nível de instrução, etnia, proveniência etc.), dados que são úteis para definir comportamentos subjetivos diante da tecnologia, mas que não fornecem explicações efetivas dos usos. De outra parte, a abordagem relacional estuda o indivíduo com respeito à posição que ele ocupa na sociedade (trabalho, papel familiar etc.) e às relações que estabelece com os outros indivíduos. É evidente que ambos os tipos de desigualdade se referem antes às disparidades imateriais, geradas por diversas oportunidades, pressupostos de vida e graus de liberdade, do que às desigualdades materiais, medidas em termos de recursos econômicos e culturais. Seguindo esse pressuposto, os indivíduos se distinguem, segundo o autor, por dois fatores: a posição socioeconômica e o nível de educação, do qual dependem as suas capacidades e competências para uma participação ativa na sociedade.

O outro polo do debate é apoiado por aqueles que, como Norris (2001), consideram as tecnologias digitais e a internet como apenas mais um âmbito em que se reproduzem as desigualdades preexistentes. Um âmbito, além do mais, onde é particularmente grave que esses desníveis se repitam, pois, dentre outros elementos, ele tem o potencial de permitir a um país subdesenvolvido realizar o conhecido *leapfrog* (em português, "pulo do gato") para o crescimento industrial[19]. Esse ponto de vista tem a vantagem de considerar as desigualdades sociais como um problema endêmico, que merece ações políticas de longo alcance. Sugere que devemos nos concentrar nos aspectos específicos do instrumento tecnológico e na resolução dos processos de estratificação social, já consolidados socialmente. Ao mesmo tempo, porém, é uma aproximação que ainda apresenta vestígios de uma visão linear do progresso, entendido como um processo de evolução por etapas obrigatórias, cujo momento final seria o acesso às TICs. Expressão dessa mesma lógica é a decisão do Programa das Nações Unidas para o Desenvolvimento (Pnud) de incluir, entre os indicadores que medem o atual progresso tecnológico, a difusão de "antigas" tecnologias. O pressuposto para os países em vias de desenvolvimento poderem alcançar o digital parece ser a difusão de outros instrumentos considerados, de certa maneira, "anteriores", como a quantidade de aparelhos de telefone ou o consumo de energia elétrica. Porém, recentes pesquisas demonstram, por exemplo, que a difusão da telefonia móvel nesses países está seguindo uma evolução completamente diferente

---

19. Pelo termo *leapfrog* se entende o processo que permite alcançar o desenvolvimento sem atravessar todas aquelas fases que historicamente caracterizaram o crescimento dos países ocidentais. O conceito faz parte da ideologia de normalização da difusão tecnológica, mediante processos de *catching up* (ABRAMOVITZ, 1990).

da dos países industrializados. O próprio conceito de *leapfrog* – que consiste na capacidade de pular os passos do desenvolvimento – não leva em conta as diferentes possibilidades de crescimento ou as considera como "desvios" de um percurso previamente estabelecido (JESKANEN-SUNDSTRÖM, 2003; SCHIESARO, 2003; WORLD BANK, 2008).

Coerentemente com essa reflexão e com a acepção de desenvolvimento formulada nos capítulos precedentes, consideramos que a presença de tecnologia digital é um elemento de grande importância crítica, na sociedade global, e não só um antigo problema que mudou de vestimenta.

1.3.2 As ações políticas para a inclusão

No momento em que as pesquisas evidenciaram o fracasso das iniciativas que apontavam unicamente para a difusão de infraestrutura – em correspondência com o aumento da desigualdade do ponto de vista dos usos da tecnologia (sobretudo a internet) –, começou-se a falar de TICs em termos de "oportunidade social", reafirmando o conceito segundo o qual a exclusão digital é um problema de caráter social, mais do que técnico (VAN DIJK, 2005a e 2005b). Mesmo antes que a expressão "exclusão digital" entrasse no vocabulário comum, a Comissão Europeia já tinha se referido a essa forma de desigualdade ao falar de "sociedade da informação a duas velocidades", e insistia na necessidade de intervir com uma ação política conjunta para evitar esse perigo. O ponto de vista da Europa a esse propósito é muito claro: o potencial da sociedade da informação deve ser, principalmente, o de distribuir de forma mais equitativa os recursos entre os indivíduos, oferecer novas oportunidades de trabalho e superar as barreiras geográficas tradicionais[20].

Trata-se, então, de inserir a questão em uma reflexão mais ampla sobre a inclusão e a exclusão social, através da qual se possa pensar não só em termos de distribuição de recursos, mas de maior participação dos indivíduos na revolução digital. Isso significa compreender que temas da atualidade política, hoje tratados separadamente – a gestão das telecomunicações, da informação, do desenvolvimento econômico, do *walfare* – estão, na verdade, profundamente interconectados. E significa entender que um dos maiores desafios para as instituições é o de adaptar-se rapidamente às mudanças em curso. Vista dessa perspectiva, a questão não é mais a exclusão digital, mas o isolamento institucional. Superar esse isolamento poderia ser o passo mais importante a ser dado para alcançar a inclusão (AFELE, 2003; WARSCHAUER, 2003).

Considerando o que foi dito, uma proposta concreta poderia ser a de otimizar os programas de desenvolvimento e os recursos humanos por meio de parcerias, valorizar os recursos intelectuais locais e identificar os sujeitos que possam atuar como pontes entre diferentes modelos educativos, de negócios e

---

20. Repositório dos projetos da União Europeia para inclusão digital: European Commission, http://europa.eu/legislation_summaries/information_society/index_en.htm – Acesso em dez./2014.

culturais. Torna-se necessário, também, além das alianças estratégicas entre instituições – cujo papel político é certamente imprescindível –, identificar iniciativas e mecanismos que melhorem, no âmbito local, o sistema de conhecimento e necessidades, por exemplo, mediante o desenvolvimento de softwares *ad hoc* ou a tradução de conteúdos para a língua do lugar[21].

Para trabalhar nessa direção é fundamental promover abordagens que coloquem as pessoas no centro do problema e suscitem interesse pela sua participação, que insiram representantes da comunidade local no desenvolvimento de projetos desde a sua criação e que verifiquem a real validez, importância e confiabilidade de um projeto para o contexto local. A inclusão deve acontecer também no sentido de levar as pessoas a descobrirem por si mesmas qual tecnologia é útil e para quê.

Em conclusão, os elementos essenciais para a inclusão digital parecem ser o acesso significativo à informação; a liberdade de desenvolver capacidades críticas para a seleção dos recursos postos à disposição pela tecnologia e, em particular, pela rede; finalmente, o acesso à rede social e, portanto, ao intercâmbio de opiniões e informações que podem levar os sujeitos a participarem da vida política, aprofundar temas de interesse e conhecer e interpretar os eventos mundiais.

---

21. Basicamente, esse é o ponto de vista do campo de pesquisa conhecido pelo nome de *ICT for Development* (ICT4D): favorecer a "inclusão digital", estender a sociedade de conhecimento e os benefícios que ela possui, evitando aproximações de mera importação de modelos de sucesso da sociedade avançada para áreas em vias de desenvolvimento. Segundo essa aproximação, as políticas e práticas de inclusão se realizam só se levarem em consideração o contexto sociocultural, legal, político e econômico sobre o qual irão agir, evitando gerar uma "invasão digital", em lugar de um processo de inclusão.

2

Inclusão digital e educação

2.1 TICs e novos desafios para a educação

Se a desigualdade do mundo atual é medida, como sustenta Melucci, com base na capacidade de "ser emissores e receptores de informação, codificadores e decodificadores de linguagens" (MELUCCI, 2000, p. 20), e se é verdade, como argumentamos, que o acesso à tecnologia não chega a ser um processo de inclusão quando os sujeitos carecem das habilidades necessárias para aproveitar os benefícios, o problema que se coloca é o de saber quais são as habilidades imprescindíveis para uma inclusão digital efetiva e como podemos desenvolvê-las.

É exatamente isso que os órgãos políticos internacionais vêm procurando, desde a década de 1990, por meio de diversas comunicações, orientadas a reconhecer quais são as "habilidades para o século XXI" (DÉLORS, 2003) e, assim, ajudar a enfrentar a rápida evolução de uma sociedade que requer perfis profissionais maleáveis e, por conseguinte, novas formas de aprendizagem. Trabalhar em equipe, estar ciente das questões de caráter global, ter capacidade de resolver problemas, saber gerir informação, possuir engajamento cívico e respeitar as diferenças culturais são algumas das habilidades mais destacadas por esses órgãos. Seja como meio de atingir informação, seja como forma de acesso às dinâmicas de trabalho colaborativo ou como instrumento para a participação cidadã nas questões locais ou globais, explícita ou implicitamente, as tecnologias estão presentes em cada uma dessas exigências. Por isso, segundo propõe a comunicação de 2007 da Comissão Europeia, os cidadãos que não sejam capazes de incorporar a flexibilidade exigida pelas novas tecnologias terão mais dificuldade de atender às mudanças sociais, de participar dos processos democráticos, de utilizar os fluxos de comunicação e de aproveitar as oportunidades de emprego.

Por outro lado, é interessante notar que órgãos internacionais, como as Nações Unidas e a Comissão Europeia, no decorrer dos primeiros 15 anos do século XXI, foram transitando, cada vez mais, de uma visão da aprendizagem como *habilidade* de lidar com as mudanças para uma compreensão mais ampla, relacionada com a *atitude* do indivíduo frente à evolução da sociedade. Assim, o mito da tecnologia como elemento-chave do desenvolvimento social vem sendo destituído por uma crescente ênfase no papel do ser humano, compreendido como o verdadeiro protagonista da mudança.

Com o intuito de caminhar nessa mesma direção teórica, pretendemos esmiuçar o conceito de inclusão digital até conseguir desvendar qual é a sua verdadeira relação com a educação. Para isso, será necessário, em primeiro lugar, desmistificar a tecnologia, tanto do ponto de vista de quem a utiliza quanto dos espaços sociais que ela proporciona para a aprendizagem. Tentaremos, assim, desmoronar algumas das convicções que se encontram espalhadas entre formadores e educadores, as quais têm a sua raiz na insegurança geral do ser humano frente à técnica, mas também no temor negativo pelo novo. Tudo isso com o fim de recolocar o ser humano no centro do processo educacional, valorizando as habilidades antes da técnica.

2.1.1 Quem são os nativos digitais?

Nos últimos anos, cada vez mais se tem utilizado expressões como "nativos digitais" (PRENSKY, 2001), "geração Y" (AD AGE, 1993), "geração digital" (TAPSCOTT, 1999) ou simplesmente "*millennials*" (STRAUSS & HOWE, 2000) para fazer referência à primeira geração que cresceu com a internet, uma geração extremamente habilidosa no uso técnico das mídias digitais e no acesso aos recursos da web.

Concordamos com Livingstone (2011) em reconhecer que as demandas da interface computacional são significativas e que isso pode ter instigado pais e professores a concluírem que a "geração internet" já sabe tudo o que precisa. Entretanto, a autora chama a atenção para "o verdadeiro desafio da utilização das mídias digitais, nomeadamente o potencial para a vinculação com conteúdo informativo e educativo, e para a participação em atividades on-line, redes e comunidades" (LIVINGSTONE, 2011, p. 12).

As pesquisas realizadas na área de mídias e aprendizagem dos jovens nos últimos 10 anos concentram-se na análise das habilidades que os usuários desenvolvem em sua relação com a internet, investigando como essas habilidades são construídas, quais delas são aprendidas de forma intuitiva e quais precisam ser ensinadas (BELLONI & GOMES, 2008; KREDENS & FONTAR, 2010; LIVINGSTONE & HADDON, 2009; MEDIAPPRO, 2006). Os resultados dessas pesquisas indicam que o uso intenso das TICs pelos jovens, apesar de estar ampliando as oportunidades de acesso ao conhecimento, ainda não configurou novas práticas autônomas de autoinstrução e não parece estar produzindo os resultados esperados no que diz respeito à ampliação do desempenho escolar.

Com respeito ao campo de investigação nacional, os dados das últimas pesquisas do Cetic (Centro de Estudos sobre as Tecnologias da Informação e da Comunicação – Cetic.br) apontam que, entre os alunos das escolas públicas brasileiras, 62% possuem computador em seus domicílios e 44% fazem uso da internet pelo celular (TIC Educação, 2012). Em comparação com as pesquisas anteriores (TIC Educação, 2010), observamos que crescente proporção de alunos declara ter aprendido a usar o computador e/ou a internet sozinhos. Em 1989, Perriault afirmava que o *autodidatismo* é uma característica da relação dos jovens com as máquinas de informação e comunicação e que, com o apoio de equipamentos e práticas virtuais, os alunos podem ganhar um controle maior de sua educação, buscando percursos de pesquisa personalizados e significativos. Pensamos, porém, que até o momento não há evidências de que o autodidatismo tecnológico se traduza, automaticamente, em autodidatismo cognitivo, pois aprender bem não se dá só a título de prazer, mas de dedicação e aplicação de inteligência (DEMO, 2011).

Há algumas décadas, a literatura sobre o assunto vem avaliando a necessidade de se rever o significado de alfabetização, para que possa incluir a assimilação de outros registros, diferentes do texto escrito. Nos anos de 1980 começou-se a destacar a importância da *alfabetização informática* e das habilidades técnicas necessárias para o uso do computador. Mais tarde, o conceito evoluiu para o de *alfabetização informacional*, envolvendo a capacidade de reconhecer, avaliar e usar informação de forma eficaz. Paralelamente, surgia a chamada *alfabetização midiática*, que fazia referência à competência analítica dos receptores da mídia para analisar, criticar, filtrar e interpretar determinada informação. Com o advento da internet – e tendo como alvo a inclusão política e social –, a *alfabetização midiática* passou a ser interpretada também como a capacidade de participar dos processos democráticos mediante a apropriação dos canais de comunicação que a web disponibiliza (WARSCHAUER, 2003). Finalmente, no século XXI, todas essas definições parecem confluir na *alfabetização digital*, conceito único e mais amplo, que, por sua vez, se encontra em grau muito maior de complexidade e articulação (GILSTER, 1997).

A *alfabetização digital* abarca as mais variadas ações: a aquisição de habilidades técnicas, a capacidade de compreender a informação acessada, de utilizar essa informação de maneira estratégica, de acordo com diferentes objetivos e em linguagens distintas (BAWDEN, 2008).

A variedade de interpretações teóricas dessa nova definição de alfabetização, nota Van Dijk (2005b), mostra como a percepção do computador tem evoluído. De uma ênfase nas dificuldades técnicas, passa-se a valorizar o lugar do indivíduo e suas potencialidades criativas, as quais pressupõem capacidades de uso que vão muito além da utilização meramente tecnológica do aparelho eletrônico.

Nesse sentido, mais que *alfabetização*, preferimos utilizar o termo *letramento*, tal como o definiu Paulo Freire no início da década de 1960. Na visão do educador, a reflexão e a capacidade crítica fazem parte de uma "leitura do mundo" que antecede a leitura da palavra, de modo que a função social e representativa da leitura-escrita tem importância muito maior que a simples aquisição do código alfabético. Em outras palavras, o letramento que precede a alfabetização é o mais relevante para o indivíduo e a sua relação com o mundo.

Apesar de esses dois termos – *alfabetização* e *letramento* – terem uma significação diferente em língua portuguesa, destacamos que a palavra inglesa *literacy* inclui ambos os sentidos, sem distingui-los entre si. Quer dizer, *literacy*, em inglês, é ao mesmo tempo conhecimento do sistema de leitura-escrita e interpretação de contexto, relação sócio-histórica com o mundo. É nessa acepção que utilizaremos daqui em diante o conceito de letramento digital.

De acordo com Van Dijk (2005b), dentro do letramento digital é necessário distinguir três tipos de "competências digitais":

1) As *operacionais*: ou seja, o conjunto de habilidades técnicas que permitem ao usuário acessar as aplicações básicas das TICs on-line e off-line, como, por exemplo, o editor de texto, o e-mail, as atividades de busca on-line.

2) As *informacionais*: habilidades para pesquisar, selecionar e elaborar as informações que se encontram nos recursos da rede.

3) As *estratégicas*: habilidades para determinar metas específicas orientadas a alcançar outras mais amplas, com o fim de manter ou melhorar sua própria posição social.

No nosso entender, as três competências refletem, de fato, três graus de desigualdade. Alcançar a inclusão digital, no sentido que demos ao termo, significa obter todos os níveis de competência cognitiva mencionados por Van Dijk – apesar de haver outras barreiras a serem consideradas, as quais variam de contexto em contexto e de acordo com o *background* sociocultural. Como vimos, o letramento não termina com a aquisição do sistema de escrita e leitura: também o compõem as práticas sociais de ler e escrever, assim como os contextos em que elas se dão. Por exemplo, como ressalta Gee (2009), as pessoas têm hoje a possibilidade de não ser apenas consumidoras de mídia, mas também produtoras de informações e de conteúdos midiáticos, com grande alcance de público, através das redes sociais. As TICs, continua o autor, mudam também a natureza dos grupos, as formações sociais e de poder. Antes da mídia digital, para formar um grupo engajado em uma ação social, cultural ou política, era geralmente necessária uma instituição, com todos os seus processos burocráticos hierarquizados. Hoje, as plataformas digitais permitem que os indivíduos participem de grupos com interesses afins, se organizando espontaneamente, em um sistema de grande flexibilidade estrutural, que lhes oferece a possibilidade de interagir de forma constante. A competência alfabética inclui não apenas a capacidade de ler e escrever, mas o desenvolvimento de novas habilidades de comunicação, categorias de pensamento, linguagem, decorrentes da utilização das TICs e, em especial, do computador e da web. A leitura e a interpretação de mensagens formuladas em diferentes formatos dependem em grande parte de experiências pessoais, origens culturais e níveis de maturidade, elementos que o professor deve ser capaz de explorar, para canalizar as habilidades do aluno em uma genuína busca de sentido. Seu papel é reforçar as competências de pensamento crítico e comunicação que apoiam diretamente o desenvolvimento de habilidades de leitura, escrita, fala e escuta (HOBBS, 2007). Especificamente, alfabetizar às tecnologias da informação e comunicação significa levar o aluno a desenvolver uma abordagem autônoma para o uso da tecnologia, tanto em termos de conhecimento dos recursos disponíveis quanto em termos de capacidade de aplicar os procedimentos aprendidos a novas ferramentas. O uso de TICs modifica não apenas o modo como executamos tarefas cotidianas, mas também as relações que estabelecemos com outros seres humanos e com o mundo globalizado, pois lembremos que "redes sociais são pessoas interagindo, e não ferramentas" (FRANCO, 2011, p. 10). Por isso, concordamos com Burbules e Callister (2000) quando enfatizam que a tecnologia não pode ser pensada de forma unilateral, isto é, considerando exclusivamente o uso instrumental que fazemos dela. Para além da ferramenta, o uso em si também modifica social e culturalmente o usuário, pois ativa inteligências e habilidades diferentes, e favorece ou limita determinadas capacidades.

Nas palavras de Magda Soares (2002, p. 145), a mais completa demarcação dos elementos que compõem o letramento no sentido amplo encontra-se "não nas próprias *práticas* de leitura e escrita, e/ou nos *eventos* relacionados com o uso e a função dessas práticas, ou ainda no *impacto* ou nas *consequências* da escrita sobre a sociedade, mas, para além de tudo isso, no *estado* ou *condição* de quem exerce as práticas sociais de leitura e de escrita, de quem participa de eventos em que a escrita é parte integrante da interação entre pessoas e do processo de interpretação dessa interação"[22]. O letramento consiste em um processo que se estende pela vida inteira do indivíduo e que exige dele um exercício de adaptação constante ao contexto sociocultural e às novas linguagens que possam surgir, as quais influenciam inevitavelmente as práticas sociais. Seguindo a reflexão da autora, percebemos ainda que "diferentes tecnologias de escrita criam diferentes letramentos" (SOARES, 2002, p. 155). Assim, na literatura que tem por objetivo o *letramento digital*, está presente o conceito de *multiletramento* – em inglês, *multiliteracies* –, que abarca um conjunto de habilidades que transcendem a escrita, e inclui gramáticas digitais, representações audiovisuais, textos musicais, animações, hipertextos etc. (BUCKINGHAM & WILLETT, 2006; FANTIN, 2008).

Definindo *letramento* como a condição que o sujeito adquire uma vez que incorpora a leitura e a escrita em seu viver, e reconhecendo também a existência de uma pluralidade de *letramentos*, percebemos que as tecnologias devem ser

---

22. No mesmo trecho, a autora explica que "na própria formação da palavra *letramento* está presente a ideia de *estado*: a palavra traz o sufixo -*mento*, que forma substantivos de verbos, acrescentando a estes o sentido de "estado resultante de uma ação", como ocorre, p. ex., em acolhimento, ferimento, sofrimento, rompimento, lançamento; assim, de um verbo *letrar* (ainda não dicionarizado, mas necessário para designar a ação educativa de desenvolver o uso de práticas sociais de leitura e de escrita, para além do mero ensinar a ler e a escrever, do alfabetizar), forma-se a palavra *letramento*: estado resultante da ação de *letrar*" (SOARES, 2002, p. 146).

tratadas como novos instrumentos de linguagem que exigem diferentes práticas de leitura-escrita (FREITAS, 2010). Essas práticas vão se modificando junto com as mudanças do mundo em que vivemos e são, portanto, consideradas sempre como "novas", pois precisam estar em constante atualização. Com efeito, um letramento realmente inovador é aquele que não se limita a transferir para uma nova tecnologia as mesmas atitudes, mas que impulsiona novas práticas, novas condutas ou até novos valores socioculturais e novas formas de pensar (LANKSHEAR & KNOBEL, 2007; LEU et al., 2013). Como destaca Buzato (2011), os *letramentos digitais* requerem uma mentalidade que priorize a participação, em detrimento da publicação editorial, o conhecimento distribuído em vez de centralizado, o compartilhamento de conteúdos em lugar dos direitos de propriedade intelectual, o intercâmbio de informação em rede e as formas de produção colaborativa mais do que individuais.

Por que isso é importante no discurso sobre inclusão digital? Porque a conscientização, por parte de adultos e jovens, de que a habilidade técnica não é sinônimo de letramento digital permite superar a crença de que exista um "antes" e um "depois" das mídias digitais e de que haja uma geração que entende a época atual porque já nasceu com elas. Decerto, as TICs trouxeram mudanças sociais, econômicas, políticas e culturais, espelhadas em todas as esferas da vida humana. Logo, não há dúvida de que o mundo está cada vez mais rápido e complexo. Mas também é evidente que a chave de interpretação deste mundo não pode ser a técnica, pois, como tentamos argumentar, a habilidade de manejar os recursos informáticos é só uma parte, a mais básica e restrita, do letramento digital.

O mais fundamental em relação à tecnologia é a capacidade pessoal de envolver-se em práticas sociais significativas, fazendo uso dos equipamentos (WARSCHAUER, 2003). No mundo on-line convergem práticas sociais distintas: a informação e o entretenimento, o trabalho e o lazer, o local e o global, o público e o privado. Diante dessa convergência, os jovens precisam desenvolver habilidades muito além das que já possuem em relação às dinâmicas de colaboração, acesso à informação em múltiplos formatos, comunicação e partilha on-line nos diferentes espaços de mediação. Em outras palavras, "é preciso que uma rota seja traçada com o objetivo de compreender o que os jovens sabem e o que precisam saber, muito além da ideia simplista de 'usar a internet'" (LIVINGSTONE, 2011, p. 22). Trata-se de formar jovens capazes de conquistar melhor qualidade de vida, não somente de um ponto de vista profissional e correspondente às expectativas do mercado de trabalho, mas, sobretudo, em termos de cidadania, autonomia e pensamento crítico, que Paulo Freire integra na única ação verdadeiramente importante, que é a ação de *ler o mundo*. "A leitura do mundo precede a leitura da palavra, daí que a posterior leitura desta não pode prescindir da continuidade da leitura daquele. A palavra que eu digo sai do mundo que estou lendo, mas a palavra que sai do mundo que eu estou lendo vai além dele. [...] Se for capaz de escrever minha palavra estarei, de certa forma, transformando o mundo. O ato de ler o mundo implica uma leitura dentro e fora de mim. Implica na relação que eu tenho com esse mundo" (FREIRE, 1981).

Nas palavras do educador, explicita-se o vínculo entre linguagem e realidade, texto e contexto, compreensão da palavra e do mundo.

2.1.2 Aprendizagem em rede

Muito se tem falado, sobretudo na última década, que uma das características da sociedade atual é a construção do conhecimento em rede, proporcionada pelas plataformas da web 2.0, que facilitam a troca de informação e conteúdo por não requerer conhecimentos técnicos de programação e por sua lógica conectiva (BENNETT & SEGERBERG, 2013). De fato, as TICs permitem a criação de novos cenários de aprendizagem graças a certas características das formas de comunicação em rede (interatividade, hipertexto, mobilidade, convergência), e essas relações podem desempenhar um papel importante na aprendizagem, a partir da troca com o grupo de pares ou da criação de comunidades baseadas em práticas e interesses comuns (BELLONI & GOMES, 2008). No entanto, é evidente que o discurso sobre as novas formas de aprendizagem em rede pode facilmente transformar-se numa crença, tal como o expressa a ideia de que existe uma "geração internet", protagonista deste momento histórico. Por isso, interessa-nos desmistificar a convicção de que todas as práticas sociais dos jovens em rede são realmente *práticas de colaboração*.

Mas, antes disso, é preciso dar um passo atrás para lembrar que nem a ideia de fazer redes nem a noção de construção colaborativa do conhecimento são conceitos novos. A configuração em rede é peculiar à inserção do ser humano na realidade social, e é tão antiga quanto a própria humanidade. Ela corresponde a uma estratégia fundamental para o compartilhamento da informação, a formação de uma identidade política e cultural, a busca de suporte mútuo e o sentido de pertencimento a um grupo social (CASTELLS, 1999; FRANCO, 2011; WATTS, 2003; WELLMAN, 2001). Ou seja, trata-se de uma estratégia humana que sempre existiu. Porém, reconhecemos que, nas últimas décadas, as redes passaram a ser percebidas de uma maneira específica, isto é, como uma "ferramenta organizacional" com raízes na participação individual (MARTELETO, 2001).

A reflexão sobre esse assunto se originou no final da Segunda Guerra Mundial, quando, para uma pesquisa militar nos Estados Unidos, Paul Baran (1962) estabeleceu a distinção entre redes centralizadas, descentralizadas e distribuídas (Figura 3).

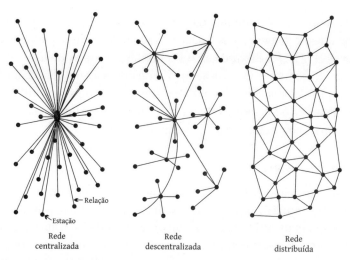

Figura 3 Diagramas de Paul Baran (1962).

As autoridades norte-americanas procuravam conhecer a melhor forma de comunicação, cientes de que nem os telefones de longa distância nem a rede de controle militar sobreviveriam em caso de ataque nuclear. Por isso, o mencionado pesquisador propôs substituir o sistema de rede *centralizada* por um sistema de rede *distribuída*, que permitiria ao sistema continuar funcionando e espalhando informações, mesmo no caso da destruição de outros nós, através das conexões que ainda continuavam íntegras. Paul Baran teve a ideia de desmembrar a informação em "pacotes" de dados a serem transmitidos separadamente. Dessa forma, quando um nó recebesse um pedaço de informação, se poderia decidir sobre o seu endereçamento, evitando passar pelos nós eventualmente danificados. Era essa a primeira arquitetura de um sistema que, 20 anos depois, seria chamado de World Wide Web[23].

Como observa Franco (2011) em sua análise dos diagramas de Baran, um dos aspectos mais interessantes na configuração dos três modelos de redes é que os nós que as compõem se encontram sempre no mesmo lugar, mudando só as relações entre eles. No caso da rede centralizada, as conexões se dão por uma estrutura "de-um-a-muitos": elas passam pelo centro da rede, onde se concentra o poder da informação e depois se espalham. No segundo esquema existem múltiplos centros. A informação se concentra em "núcleos" que distribuem localmente a informação, mas continuam se referindo a um centro. Por fim, no padrão de rede distribuída, todos os pontos se comunicam entre si. Como assinala o autor, esse modelo de redes teorizado por Baran aplica-se a todas as organizações sociais, pois toda relação humana em sociedade segue um desses modelos (FRANCO, 2011).

---

23. *RAND Corporation Review*, http://www.rand.org/about/history/baran.html – Acesso em ago./2016.

Novos caminhos de pesquisa sobre as redes surgem após o fim da Guerra Fria, a consequente redefinição das relações internacionais e os estudos atuais de redes, ligados à globalização. Nessas fases finais da pesquisa começa a se evidenciar o fato de que os efeitos das redes podem ser percebidos fora delas, por exemplo, na interação entre uma dimensão micro e uma dimensão macro, como acontece nas relações entre indivíduo e Estado. "O estudo das redes coloca assim em evidência um dado da realidade social contemporânea que ainda está sendo pouco explorado, ou seja, de que os indivíduos, dotados de recursos e capacidades propositivas, organizam suas ações nos próprios espaços políticos em função de socializações e mobilizações suscitadas pelo próprio desenvolvimento das redes" (MARTELETO, 2001, p. 72).

No fim do século XX e começo do século XXI, os sociólogos Castells (1999) e Watts (2003) divulgaram a visão das redes como espaços de interação, comunicação e organização social. Assim, com a metáfora das redes sendo cada vez mais aplicada em todos os âmbitos da sociedade, começam a surgir também novas teorias sociológicas que estudam as potencialidades das mídias digitais.

A partir da popularização do modelo de internet, cada vez mais as instituições – com ou sem fins de lucro, privadas ou públicas – constituem-se como estruturas mais distribuídas do que centralizadas, possibilitando fluxos imprevisíveis de informação e de auto-organização coletiva, criando bases para a difusão de um padrão de coordenação que viabilize a conversão da competição em cooperação em nível social, econômico ou político (FRANCO, 2011; UGARTE, 2008). De acordo com esse pensamento, compartilhado por vários autores, a novidade mais gritante aportada pelas mídias digitais é a superação de um sistema social centralizado, fundamentado em hierarquias, por uma arquitetura mais "horizontal", em que todos os nós são iguais[24].

No âmbito da educação surgem novas teorias da aprendizagem e originais propostas sobre a construção social do conhecimento mediada pelas redes. A maioria delas reflete, implícita ou explicitamente, o interesse de pedagogos, psicólogos e filósofos pela teoria de Vygotsky sobre a cognição como produto de determinado ambiente social[25]. Henderson (1996), por exemplo, ressalta que fazem parte da aprendizagem social a distância três áreas de conhecimento: as habilidades técnicas, as habilidades acadêmicas e a bagagem cultural de cada

---

24. Um exemplo interessante a esse respeito é a onda de movimentos sociais que, nos últimos anos, tiveram lugar no mundo inteiro, cuja organização foi espontânea e, aparentemente, sem liderança alguma, através das plataformas digitais. Para aprofundamento, cf. Bennett e Segerberg (2013), Castells (2013), Van Dijck e Poell (2013).

25 . Em 1978, Vygotsky teorizou sobre a aprendizagem colaborativa e afirmou a necessidade de constituir um espaço onde a construção das aprendizagens se desse através da partilha, um espaço de interação entre o aluno e o educador, que ele chamou de "zona de desenvolvimento proximal". Ao introduzir esse conceito, o autor procurou analisar o desenvolvimento de competências do sujeito a partir da interação com o outro e concluiu que a construção do conhecimento é um processo social e interativo. A aprendizagem, portanto, deve ser considerada uma atividade social que requer não só o desenvolvimento do indivíduo, mas também o da comunidade à qual ele pertence.

indivíduo. Essas três áreas superpõem-se em diferentes graus de aprendizagem, que são consideradas pelo autor como "zonas de desenvolvimento proximal". Salomon (1993) relaciona cognição e conhecimento distribuído. Para o autor, a elaboração cognitiva das informações ocorre em conjunto com as interações diárias entre pessoas. De acordo com Siemens (2005), a mudança drástica da aprendizagem no mundo atual é devida à velocidade na geração, processamento e armazenamento do conhecimento, pois o tempo de obsolescência do conhecimento está sendo reduzido de forma inversamente proporcional ao aumento da capacidade de processar e armazenar a informação. Nesse novo cenário, o autor considera que, ainda mais importante que o conhecimento, é o *canal* que leva ao conhecimento, ou seja, a própria estrutura de rede. Segundo essa visão, a inovação nas formas de aprender tem cada vez mais a ver com conectar pessoas diferentes e distantes para instigar os seus talentos, valorizar suas especialidades diversas e aproveitar seu conhecimento em uma área específica para resolver quesitos e desafios. Assim, se visualizarmos a rede como um conjunto de pontos e de linhas, em que os pontos são as pessoas e as organizações, e as linhas são as relações entre elas, o mais importante no desenho final são justamente as conexões (MARTINHO, 2003).

A análise de redes em sua fase atual parece estabelecer um novo paradigma na pesquisa sobre a estrutura social. Determinações individuais de classe, gênero e idade, utilizadas como unidades de análise para estudar as opiniões e os comportamentos das pessoas estão sendo substituídas pelo conjunto de relações que os indivíduos criam entre si (MARTELETO, 2001). Observamos também que a expressão "rede social" associada especificamente ao mundo virtual está se propagando cada vez mais, o que parece sugerir que, a partir do surgimento da internet, as relações sociais podem prescindir do espaço físico e geográfico. De fato, os ambientes de interação se multiplicam, enquanto os tempos de comunicação se contraem.

As teorias citadas destacam não somente que as redes estabelecidas através de relações aumentam o intercâmbio de informação, mas também que elas permitem partilhar o conhecimento individual e incentivar a criatividade do indivíduo. Considerando, na perspectiva sócio-histórica, que a interação entre pares desempenha um papel fundamental no processo de aprendizagem, temos que reconhecer que as TICs providenciam ambientes mais dinâmicos e democráticos do que a sala de aula convencional (BELLONI & GOMES, 2008).

Entretanto, o que emerge nas pesquisas é que muitos jovens dão o primeiro passo em direção à comunicação e colaboração on-line, mas perdem facilmente o interesse nessas atividades, procurando logo com mais entusiasmo novas atividades e novas páginas. Pesquisas apontam também que as redes virtuais podem ser inconsistentes do ponto de vista da aprendizagem, no momento em que são utilizadas de forma tradicional, e não inovadora, por quem acessa. A promessa da internet de poder reposicionar o usuário de passivo em ativo, de receptor em participante, passa por uma dedicação que vai muito além do entretenimento e do compartilhamento on-line (DEMO, 2011; LIVINGSTONE, 2011; PRETTO, 1996).

Em suma, o que nos conduz ao questionamento é o caráter espontâneo das dinâmicas de aprendizagem mediadas pela tecnologia digital, pressupondo o natural engajamento do jovem no acesso à informação on-line e a consequente motivação de colaborar com a comunidade de pares para aprender. Mais uma vez, é preciso reconhecer que as possibilidades técnicas disponibilizadas pela rede não determinam, por si sós, os comportamentos dos usuários. Ao assumir que todos os jovens que entram em contato com as TICs e a internet desenvolvem interesse de aprender, já muitos projetos de integração das mídias digitais em educação fracassaram, demonstrando a inconsistência das políticas fundamentadas no determinismo tecnológico (PEIXOTO, 2009; PISCHETOLA, 2014; WARSCHAUER, 2003).

Entendemos que a informação está no domínio pessoal do usuário: é ele quem define se a informação acessada acrescenta algum valor ao seu estado atual, transformando-o, com novos significados e novas atitudes. Nesse sentido, a Teoria da Aprendizagem de Ausubel (1968) revela-se extremamente atual. Para ele, a aprendizagem acontece quando são valorizados os conhecimentos prévios do sujeito: dessa forma, constroem-se estruturas mentais que permitem descobrir e redescobrir outros conhecimentos, caracterizando uma aprendizagem prazerosa e eficaz. Faltando essa incorporação e atribuição de significado, o novo conteúdo passa a ser armazenado isoladamente ou por meio de associações arbitrárias na estrutura cognitiva. Aplicada aos recursos digitais, a teoria de Ausubel implica que o jovem estabelece uma aprendizagem de qualidade somente quando atribui ao conteúdo on-line um significado pessoal. Isso favorece a interconexão entre teoria e experiência e a promoção da autodeterminação, que é a base da motivação.

2.1.3 Letramento digital e colaboração

A partir das questões enfrentadas, surgem para a educação dois desafios principais:

1) Com relação ao processo de aprendizagem, fica claro que é preciso rever o conceito de letramento, para que seja capaz de abarcar as novas linguagens do mundo contemporâneo, na direção de um *letramento digital*. Como explicamos, este é o conjunto de habilidades e "competências digitais" que vai permitir aos "nativos digitais" aproveitarem a mídia de forma crítica, consciente e personalizando a informação.

2) Com relação às formas de aprender, surgem debates acerca das possibilidades de interação que as TICs providenciam em seus *espaços colaborativos de aprendizagem*. A esse respeito, fica evidente que a espontaneidade das

práticas colaborativas é facilmente sobre-estimada e que, na verdade, a colaboração depende da existência de motivação pessoal.

Essas questões trazem um terceiro desafio para a educação, que é o de reformular o lugar do professor, a sua prática pedagógica e a relação que ele constrói com os alunos, convidando-o a tornar-se mais consciente das mudanças em curso. Nas palavras de Pretto (2012):

> Se trouxer o computador para dentro da escola para ele se transformar no mesmo livro, na mesma aula, no mesmo currículo, na mesma avaliação, não adianta nada! O problema maior que nós temos não é a presença do computador e de todas essas tecnologias, mas é de pensarmos que transformações a escola precisa para que ela se insira no mundo contemporâneo onde existe computador, onde existe rede internet, onde existe conectividade. Então, isso vai valer para o computador, vai valer para o celular, vai valer para a gravadora... quer dizer, vai valer para toda tecnologia. E, na verdade, vai valer mesmo sem ter tudo isso, porque a crise da escola não tem a ver com ter ou não ter computador. A crise da escola é a crise da escola, mesmo. É ela que não está dando conta da formação para esse mundo em que vivemos. E, no entanto, ela é necessária (Entrevista concedida por Nelson Pretto, julho de 2012).

Nos próximos capítulos, trabalhamos com a hipótese de que, ainda que os professores precisem dominar as tecnologias, sua tarefa não é a de ensinar os estudantes a utilizá-las. Mais uma vez, é preciso reconhecer que as possibilidades técnicas disponibilizadas não determinam, por si sós, os comportamentos.

2.2 Cultura digital e educação

Tendo crescido completamente imersas nas tecnologias da informação e da comunicação, as novas gerações não conseguem imaginar como seria aprender fora do mundo digital, onde as oportunidades de participação, criação e compartilhamento são inúmeras e cada vez mais sofisticadas. As mudanças desencadeadas pelas TICs têm desafiado a educação no sentido de oferecer aos jovens uma formação compatível com as necessidades deste momento histórico. De súbito, a escola não é mais o primeiro lugar de aprendizagem. Pelo contrário, ela se afasta cada vez mais do mundo do aluno, que parece dominar uma língua aprendida espontaneamente, uma língua desconhecida para o professor. Assim, a relação tradicional entre docente e estudante subverte-se, provocando desconforto.

Parece cada vez mais evidente a necessidade de considerar as atividades de comunicação e produção digital como parte da experiência social do aluno e de uma mais generalizada "cibercultura" (LÉVY, 1999) ou "cultura digital" (LEMOS, 2009), caracterizada por caminhos autônomos e criativos. A cultura digital pode ser compreendida como a imersão plena nas redes e, enquanto tal, ela exige repensar a escola, com o fim de gerar cultura não apenas com tecnologias, mas, sobretudo, com vivências, descobertas e experiências de produção e socialização. Ou seja, mediante a imersão ativa dos participantes nos diversos espaços das redes tecnológicas que estão presentes no nosso cotidiano.

As tecnologias digitais instauram uma estrutura midiática "pós-massiva" em que, pela primeira vez desde o advento da indústria cultural, muda o equilíbrio entre participar e assistir (GEE, 2009; LEMOS, 2009). Com o acesso à rede, as pessoas não têm de desempenhar apenas o papel do espectador, uma vez que podem produzir sua própria contribuição nos âmbitos mais variados, da música à produção de notícias em tempo real, da criação de jogos à realização de filmes em diversos formatos e modulações. Dessa forma, todos os usuários têm acesso a práticas antes reservadas exclusivamente a profissionais ou especialistas, o que alimenta a liberdade de criar e divulgar produções pessoais e/ou colaborativas.

Nosso interesse não é tratar detalhadamente das características e reconfigurações culturais da cibercultura, mas mencionar as duas implicações dessas mudanças que, a nosso ver, são fundamentais para o mundo da educação.

Primeiramente, as novas possibilidades de pesquisa e acesso ao conhecimento on-line levantam uma questão central para todos os processos pedagógicos: o da autonomia do aluno e o seu alcance. Se é verdade, como afirmamos anteriormente, que autodidatismo técnico não é sinônimo de autodidatismo cognitivo, quais seriam os pontos centrais do desenvolvimento de autonomia do aluno que usa as TICs na ou para a escola?

Em segundo lugar, sabemos que, além do acesso à informação, a internet abre possibilidades de produção, emissão e compartilhamento de conteúdos, configurando novas formas de autoria (LEMOS, 2009). Como deve posicionar-se a instituição escolar frente a essas práticas que os jovens já integraram na sua relação quotidiana com a tecnologia, apesar das proibições legais?

Diante do surgimento da "cultura digital", a educação deve lidar não só com a facilidade de acesso ao conteúdo on-line, mas também com as possibilidades de produção de conteúdo. Hoje, como nunca antes, temos a necessidade de sensibilizar os usuários da mídia, especialmente os mais jovens, fazendo-os refletir sobre as possíveis implicações do uso de tecnologia. As instituições de ensino devem lidar com a dificuldade de estabelecer pontos de referência comuns no que se refere às relações éticas com a sociedade e aos limites da liberdade individual.

O objetivo dos próximos capítulos é tratar dos dois conceitos referidos – autonomia e autoria –, propondo-os como elementos indissociáveis da relação dos jovens com a tecnologia.

2.2.1 Cultura digital e autonomia

A tecnologia digital oferece novas oportunidades de aprendizagem, visto que a interação com os dispositivos digitais é uma ação livre capaz de estimular a curiosidade. Essa interação oferece ao usuário a possibilidade de escolher as vias de acesso à informação que lhe interessem, selecionar a informação que prefira, acessar os mesmos conteúdos quantas vezes quiser, buscando novas e mais significativas aprendizagens, e ainda produzir e socializar novas informações. Assim, a natureza transversal, interdisciplinar, hipertextual dos conteúdos on-line parece atender plenamente à exigência do jovem de integrar e aprofundar os conhecimentos adquiridos na escola (ou fora dela) de forma autônoma, de acordo com o seu interesse e a sua curiosidade pessoal. Porém, como desenvolver as ações que permitam construir de fato essa "autonomia" para a construção de aprendizagens?

O termo "autonomia" vem das palavras gregas *autos* (si mesmo) e *nomos* (lei), e significa capacidade de autorregular-se. De modo geral, ele alude também à autorrealização, ao autogoverno e à autogestão. Pois bem, a questão da autonomia na educação sempre desempenhou um papel central, constituindo o objetivo essencial do desenvolvimento psicopedagógico na primeira infância, para ser, em seguida, elemento-chave do crescimento e da maturação do adolescente até representar, na idade adulta, a capacidade conquistada de fazer parte do mundo através de uma rede flexível de relações sociais (PISCHETOLA, 2012). O adulto possui controle instrumental da ação e, portanto, como explica Zimmerman (1998), é capaz não só de dar sentido aos seus atos, mas ao mesmo tempo de supervisionar sua coerência e orientação, os seus objetivos e o seu funcionamento.

Os estudos sobre autonomia afirmam ser cruciais para uma boa aprendizagem os seguintes componentes: o estabelecimento de objetivos, a gestão do tempo, a definição de estratégias de aprendizagem, a monitoração do percurso, a capacidade de procurar recursos, as crenças positivas de autoeficácia e a motivação (DONACIANO, 2011; SCHUNK & ZIMMERMAN, 2007). Conforme Donaciano (2011), as pesquisas realizadas no âmbito da autonomia na aprendizagem indicam que o nível de assimilação dos estudantes varia de acordo com a presença ou a ausência das componentes anteriormente referidas.

Entrando mais na questão da autonomia, pode-se dizer que é possível fragmentá-la em duas partes complementares: a capacidade de autogestão, ou resolução de problemas, por um lado, e a capacidade de processamento crítico e reflexivo, por outro. O primeiro elemento é constituído pela habilidade para organizar e administrar, quer dizer, pela capacidade de reconhecer um problema e tentar encontrar caminhos para sua solução, ações que fazem parte do nosso espírito de sobrevivência. Mas, a longo prazo, essas capacidades deveriam ser acompanhadas pelo segundo aspecto da autonomia: a reflexão pessoal, que, frente à repetição de um mesmo problema, permite encontrar soluções adequadas e compatíveis com os nossos princípios éticos, cada vez mais facilmente.

Do ponto de vista pedagógico, a autonomia é a transformação da pessoa em sujeito pensante capaz de se dar regras coerentes e de tomar decisões igualmente coerentes com os seus próprios pensamentos. A reflexão é a chave desse processo de evolução, porque permite que o sujeito desenvolva o que Pellerey (1979) chama de "princípio de relevância" e que corresponde à incorporação do saber dentro da estrutura de conhecimento pessoal. Nesse processo, as experiências e os conteúdos aprendidos são elaborados através da sua inclusão na chamada "matriz cognitiva pessoal", ou seja, o conjunto de representações internas, conceitos, regras, princípios e habilidades intelectuais que o indivíduo possui. O conhecimento torna-se significativo para o sujeito no momento em que alguns conceitos começam a funcionar como princípios de organização, regras de verificação da verdade e operações mentais que permitem interpretar novas experiências e conhecimentos adquiridos.

Referindo-se a certo marco conceitual apresentado por Jenkins (2010), Demo (2011) afirma que a maneira mais efetiva de incorporar na escola o mundo real, quer dizer, a experiência dos alunos, é por meio da *pesquisa autêntica*. Abraçamos esse conceito para começarmos a visualizar um caminho de mudança na educação em direção à autonomia. Mas o que significa, na escola atual, fazer "pesquisa autêntica"?

De modo geral, pesquisar sobre um assunto, seja ele qual for, pressupõe dar uma série de passos prévios. Em primeiro lugar, deve-se entender o porquê da pesquisa que se quer empreender. Em um mundo em que quase todas as informações encontram-se no Google, o que poderá acrescentar ao assunto pesquisado nossa ação de pesquisadores? Essa reflexão pode parecer supérflua, pois é claro que quem se beneficia dos resultados da pesquisa é o próprio sujeito que a realiza; porém, na prática, o jovem muitas vezes não encara dessa forma o ato de investigar. A pesquisa não é vista por ele como leitura e incorporação de novas informações para a construção de um conhecimento, mas como uma ação de *acesso puro* porque as informações estão sempre disponíveis na internet, sobretudo agora, com a generalização da internet móvel. Em outras palavras, nossa relação com a informação – e, portanto, com a pesquisa – na maioria das vezes depende de uma necessidade específica: é uma relação pontual, oportunista, efêmera. Além disso, há um fato evidente: a informação em si muda a cada momento. Em tempos atuais, a rapidez de uma informação é diretamente proporcional à sua obsolescência, o que reafirma a importância de poder acessar a informação sempre que for preciso.

Porém, entender as motivações da pesquisa ainda não é suficiente para sermos autônomos: o mais importante nesse processo é tomar consciência do *interesse* que move a investigação. Conforme refere Gadotti (1997), desde o século XVI considera-se que o interesse do aluno é, ao mesmo tempo, o meio e o fim da educação. Para Montaigne, por exemplo, ele é proporcional à sua participação na escolha dos conteúdos; para Rousseau, por sua vez, a pedagogia centra-se explicitamente na autonomia do aluno; e, a partir do movimento da *escola nova* instituído no século XIX, começa a ser enfatizado o "aprender fazendo" baseado na motivação e no interesse pessoal do aluno[26]. Outra abordagem significativa nesse sentido é a de Dewey (1944). Conhecida como "aprendizagem pela descoberta", fundamenta-se na educação como reconstrução da experiência e na motivação como força motriz da aprendizagem. O autor considera que o conteúdo mais facilmente aprendido pelo aluno é aquele que tem significado para ele, pois contará com um substrato de conhecimento prévio. Esse tipo de aprendizagem envolve modos de raciocinar muito diferentes daqueles que acontecem na recepção passiva do conteúdo, pois o aluno precisa reorganizar as informações obtidas, a fim de integrá-las à bagagem cognitiva que já possui.

Ora, se a necessidade de pesquisa do aluno não for desencadeada por uma semente de curiosidade pessoal, o ato de pesquisar vai acabar se situando na categoria das habilidades técnicas. Vamos esclarecer essa afirmação a partir de uma breve análise do percurso mais padronizado de pesquisa on-line: a busca de palavras-chave no Google. Apesar da existência de logaritmos que guardam as informações pesquisadas em nosso computador e personalizam as pesquisas realizadas, sabemos que os primeiros resultados de busca de uma palavra-chave perguntada ao motor de pesquisa não se diferenciam muito entre máquinas diferentes, pois dependem do número de acessos conseguidos anteriormente. Ou seja, os resultados aparecidos geralmente não são os mais relevantes, mas os mais clicados. Dentro dessa ótica, temos poucas possibilidades de receber informações variadas em termos de pesquisa, ainda mais agora que o Google começou a "sugerir" percursos de pesquisa deixando pouco espaço à criatividade, ao erro, à fantasia, à reflexão, à reformulação etc. Se as produções dos alunos se dão sobre esses resultados, pode-se dizer, por conseguinte, que possuem grande semelhança com eles. Onde fica, então, a autonomia dos jovens nesses hábitos de busca? Onde se encontra a definição de estratégias de aprendizagem, a capacidade de procurar recursos, a personalização do significado?

Em face dessa padronização nos modos de "fazer pesquisa" on-line, nossa proposta é que a escola trabalhe com perguntas, em lugar de respostas, e que elas sejam formuladas pelos alunos a partir de uma provocação do professor, de uma informação em seu estado embrionário. É esse *incipit* que, na nossa opinião, vai desencalhar o "princípio de relevância" teorizado por Pellerey (1979), personalizado por cada aluno de forma diferente, conforme os seus interesses pessoais, as suas experiências de vida, o seu *background* sociocultural, as suas capacidades etc. Dessa forma, os resultados da curiosidade do sujeito se encaixarão numa matriz cognitiva pessoal, gerando a possibilidade de uma pesquisa autêntica capaz de dar base à aprendizagem.

---

26. Corroborando essa ideia, Gadotti afirma que foi a *escola nova* que deu destaque à autonomia como fator de desenvolvimento pessoal e, além disso, ela teve "o mérito de evidenciar como a autonomia e o autogoverno fazem parte da própria natureza da educação" (GADOTTI, 1997, p. 14).

É necessário esclarecer que o conceito de autonomia que sustentamos não está amparado somente na didática de uma aprendizagem solitária.

Destaca José Pacheco, fundador da Escola da Ponte: "A autonomia não é um conceito isolado. Muito menos se define em referência ao seu oposto. Define-se na contraditória complementaridade com a dependência, no quadro de uma relação social aberta. A autonomia alimenta-se da dependência do sujeito relativamente à sociedade e à cultura. [...] Quanto mais autônomo é o sujeito, menos isolado se encontra" (PACHECO & PACHECO, 2014, p. 26). A autonomia de pesquisa relaciona-se com a procura do outro, na direção de uma aprendizagem colaborativa e de uma construção conjunta de respostas. Mas insistimos que, para isso, é preciso ter nítidas as perguntas que guiam a busca, se apaixonar por essas perguntas, achar prazer nas dinâmicas de procura de resultados e se sentir dono do processo por inteiro.

Essa reflexão parece totalmente incompatível com os tempos da escola e a sua grade curricular. Os objetivos didáticos e os formatos preestabelecidos de ensino combinam melhor com o sistema de avaliação atual. O docente precisa poupar tempo de planejamento, a fim de ter tempo suficiente para desenvolver as atividades com os alunos e para a avaliação final. A escola indica aos alunos caminhos de aprendizagem ainda fundamentados na construção de uma autonomia parcial, apresentando perguntas feitas e focando, sobretudo, as respostas dos alunos, pois as respostas permitem também um sistema de avaliação simples. Mas como avaliar resultados de pesquisas que parecem ser únicas e singulares? Como perceber se o aluno entendeu o processo de pesquisa e elaborou a informação encontrada?

Se o professor sucumbir às imposições e às regras do sistema escolar, não haverá mudança na educação em direção a um diálogo com a cultura digital. Por isso, acreditamos que o primeiro passo para a transformação da escola, de que tanto se tem falado nas últimas décadas, cabe de fato ao professor, que deve passar a se autocompreender como um *orientador* (BAGNO, 2007), reconhecendo a importância de assumir uma atitude instigadora, atentando para o desenvolvimento da curiosidade de seus alunos e acreditando em que o fundamento da pesquisa está na formulação de perguntas que ele deve guiar, a fim de o aluno obter respostas significativas, diferenciadas e interessantes. Em outras palavras, um professor orientador que confie na capacidade dos jovens para pensar e achar sozinhos os seus caminhos, para entender e elaborar as informações por eles mesmos procuradas.

Sem essa consciência por parte dos docentes, qualquer informação achada no Google continuará sendo só uma novidade, importante para o *aqui* e *agora*, mas que, a longo prazo, se perderá sem chegar a configurar-se como bem primário ou bem comum (cf. Seção 1.1.3).

Em conclusão, não é só a autonomia do aluno que deve ser posta em questão, mas também a autonomia do professor e da escola como instituição. A escola autônoma cultiva paixão pelo estudo, gosto pela leitura e pela produção criativa. Com isso em mente, precisamos começar a visualizar a sala de aula como uma comunidade de participantes autônomos e interessados (BANNELL et al., 2016), capazes de formular perguntas e procurar autonomamente as respostas, mas sempre impulsionados e guiados por um propósito pedagógico.

2.2.2 Cultura digital e autoria

Em seu célebre ensaio "A morte do autor", publicado em 1968, Roland Barthes proclama radicalmente que "a escrita é a destruição de toda a voz, de toda a origem" (BARTHES, 1988, p. 65). Com isso ele quer dizer que a matéria literária apaga a identidade da pessoa física que se encontra atrás do ato de escrever: em outras palavras, que a escrita é responsável pela dissolução do sujeito. Na percepção dele, portanto, é a linguagem que produz o discurso, e o autor representa somente o instrumento dessa produção.

O postulado levanta, inevitavelmente, algumas perguntas. A escrita não seria, então, guiada por um propósito? Escritor e leitor estão isolados um do outro e também da linguagem? Não pretendemos dar conta desses questionamentos, pois isso envolveria análises e investigações de longo prazo. Mas percebemos que a afirmação revela uma ideologia baseada em uma crítica à sociedade moderna, a qual seria responsável pela mitificação do sujeito criador, pelo prestígio atribuído ao autor e pela importância dada à sua biografia e às intenções que guiaram a composição do texto.

Fruto da Modernidade é também a concepção de um autor que se torna o legítimo proprietário de sua criação. Mas Barthes refuta essa ideia alegando que a origem de um texto não está na intuição de um gênio solitário. O texto é um espaço de multiplicidade em que vários outros textos se compõem, sem que nenhum deles seja verdadeiramente *original*, pois cada nova produção faz parte de um jogo dinâmico e se constrói como um "tecido de citações"[27]. Percebemos, assim, que para Barthes a instância da interpretação encontra-se na leitura, lugar "em que se inscrevem, sem que nenhuma se perca, todas as citações de que uma escrita é feita" (BARTHES, 1988). Em poucas palavras, se o texto não produz um sentido único, ler torna-se uma atitude crítica.

---

27. Aliás, nem a ideia da morte do autor é originária do pensamento de Barthes. "A concepção de que os textos dialogam entre si e de que a escrita é um arranjo de vozes não é, evidentemente, uma invenção de Barthes [...]. Ela existe desde Homero, e a prática da emulação entre autores é mais do que conhecida. Modernamente, já nas primeiras décadas do século XX, ao menos três teóricos russos trataram do tema com profundidade: Eikhenbaum ('Sobre a teoria da prosa', 1925) e Tinianov ('Da evolução literária', 1927), vinculados ao chamado formalismo russo, e, principalmente, Bakhtin, cujas teorias a respeito do dialogismo do discurso literário e da polifonia no romance (*A poética de Dostoiévski*, 1929, e *Questões de literatura e estética*, 1975) conferem o escopo teórico mais denso sobre o tema. Se avaliarmos 'A morte do autor' com base em seus antecedentes, encontraremos uma gama tão variada de autores relevantes e de estudos profundos, que seremos levados a concluir que 'a morte do autor' é sobretudo um panfleto em favor de um outro polo constituinte do fenômeno literário" (GAGLIARDI , 2012, p. 41).

Quase 50 anos depois, o manifesto de Barthes revela-se ainda de extrema atualidade. Como já aconteceu no século XX com a constituição da fotografia e do cinema como linguagens da arte, o século XXI testemunha o advento de inovações tecnológicas que provocam nova ruptura no paradigma da autoria. Com efeito, as tecnologias digitais facilitam a reprodução e a distribuição gratuita de obras artísticas, científicas e literárias, desenhando um percurso que exacerba a dessacralização da figura do autor na sua concepção moderna.

Por conseguinte, além de gerar o hábito de compartilhar e de "estar em rede", entende-se que a cultura digital é também a cultura da emissão, da produção, da livre-criação. Em uma palavra, é a cultura do *remix*, da criação de um produto – uma música, um vídeo, um desenho, uma obra de arte –, a partir do uso de obras já existentes. Isso é realizado misturando e reeditando conteúdos a fim de construir um terceiro produto: um produto novo no qual é possível reconhecer as referências dos textos dos quais derivou (LEMOS, 2009; LESSIG, 2008; KNOBEL & LANKSHEAR, 2010), e não apenas mediante a sobreposição de um texto a outro. As primeiras experimentações de *remix* foram registradas no âmbito musical, mas a partir da popularização da web 2.0 qualquer conteúdo audiovisual, textual, hipertextual ou artístico começou a ser acessível ao usuário e, com isso, à possibilidade de sua recombinação.

Ao tentar compreender esse espaço de produção, vamos dando um significado a essa nova práxis. Lessig (2008) descreve positivamente o processo de remixagem como uma evolução da cultura *read-only* (somente leitura), em que um pequeno grupo de produtores (gravadoras, estúdios, emissoras etc.) é responsável pelo consumo da massa, para uma cultura *read-write*, de leitura e escrita, produzida de forma livre e descentralizada. Se o século XX foi uma época de competição entre tecnologias *read-only*, do rádio à televisão, do CD ao DVD, com a virada do século e o advento da internet, anuncia o autor, essa competição levou à extraordinária possibilidade de um acesso à cultura tão amplo como nunca antes houvera. As inovações de hardware e software disponibilizadas pela indústria geraram possibilidades de produção individual que encorajam oportunidades de crescimento não só para profissionais, mas também para amadores, na direção de uma reapropriação da escrita e da expansão da criatividade. Hoje, as diferentes formas de se expressar não passam somente pela escrita e a leitura, mas também pela recombinação de fotos, desenhos, ilustrações, obras de arte, vídeos, *anime*, quadrinhos, músicas, sons, *games*, hipertextos, *tweets*, fragmentos de textos. Na teoria, todos temos o potencial de nos tornar autores, de dar espaço à nossa expressão através de meios diferentes, de acordo com os nossos interesses, as nossas motivações, o nosso gosto e a nossa sensibilidade.

Dessa perspectiva, novamente nos é impossível fugir da reflexão sobre o letramento digital, que inclui o desenvolvimento de novas capacidades de comunicação e expressão, e o uso de diferentes linguagens relacionadas com as TICs.

Diante da diversidade de materiais utilizáveis para a aprendizagem, é necessário que o usuário de tecnologia – ou melhor, o autor em potência – saiba desenvolver estratégias de produção de textos, em diversos formatos, para a criação de conteúdos.

A rede apresenta inúmeros exemplos de *remix*, que surgem como resultado de uma escrita que inclui práticas de produção, troca, compartilhamento e negociação de conteúdos recombinados digitalmente. É um fenômeno cada vez mais ilimitado e, inclusive, difícil de ser juridicamente controlado, apesar de se situar, por enquanto, no campo da ilegalidade.

Efetivamente, a lei atual não apoia a criatividade intrínseca a essas práticas. Ao contrário, cada vez mais protege as indústrias e as agências possuidoras dos direitos de propriedade intelectual, contribuindo para a manutenção do sistema construído pela indústria cultural e para a marginalização da cultura do *remix*. Assim, nos últimos anos, a recombinação tornou-se protagonista indiscutível do debate jurídico e político sobre a apropriação massiva de materiais protegidos por direitos autorais para atividades de (re)criação e (re)invenção popular, o que, por sua vez, tem levantado diversas e mais abrangentes discussões filosóficas.

Constata-se, por exemplo, que a legislação atual não contém dispositivos adequados para resolver os conflitos entre os direitos de propriedade intelectual e os de liberdade de expressão e livre-acesso à informação. Diante disso, as promessas da sociedade da informação de inclusão digital e universalização do acesso permanecem ainda irrealizadas. Ao se investigar como proceder em relação ao direito de propriedade intelectual, surgem debates sobre os princípios democráticos de inclusão cidadã, não só política e social, mas também cultural. Desse modo, passa-se a perceber a cultura como um direito fundamental, cuja defesa cabe não apenas ao Estado, mas à sociedade como um todo. Em virtude desse questionamento, passa-se também a discutir a equação entre cultura e negócio, entre conhecimento e *business*. Começa-se a duvidar da ideia de que a única forma de estimular a produção criativa seja transformando o fruto do trabalho em mercadoria. Visando à inclusão social, coloca-se em questão a restrição econômica de acesso à cultura, aceitando que isso não está diretamente relacionado com o prejuízo da produção artística e intelectual. Em poucas palavras, aborda-se a questão como um problema moral, que não deveria ser confundido, como é atualmente, com um problema de caráter econômico (ALVES, 2008).

A história é cheia de exemplos que corroboram essas afirmações. Em sentido mais amplo, desde sua origem, o *remix* constitui a base de qualquer cultura. Incidentalmente, explica Lemos (2009): "Toda cultura é, antes de tudo, híbrida; formação de hábitos, costumes e processos sociotecnicossemióticos que se dão sempre a partir do acolhimento de diferenças e no trato com outras culturas. A recombinação de diversos elementos, sejam eles produtivos, religiosos ou artísticos, é sempre um traço constitutivo de toda formação cultural. Por outro lado, toda tentativa de fechamento sobre si acarreta empobrecimento, homogeneidade e morte. A cultura necessita, para se manter vibrante, forte e dinâmica, aceitar ser, de alguma forma, permeável a outras formas culturais. Esse processo está em marcha desde as culturas mais 'primitivas' até a cultura contemporânea, a cibercultura" (LEMOS, 2009, p. 38). Segundo essa visão, compartilhada por muitos outros autores, para se constituírem as culturas elas precisaram, desde sempre, misturar elementos novos com elementos preexistentes, da mesma forma como linguagens e conversas misturam palavras e textos para explicar novas ideias, objetos e conceitos: "Os criadores aqui e em todo lugar estão sempre e o tempo todo construindo em cima da criatividade daqueles que vieram antes e que os cercam atualmente. Essa construção é sempre e em todo lugar parcialmente feita sem compensação ou autorização do criador original" (LESSIG, 2012, p. 48).

Com o objetivo de desfazer o domínio da mídia massiva e recompor os interesses econômicos e culturais, nos últimos anos surgiu, no panorama jurídico, um novo instrumento de inscrição da obra intelectual: a licença chamada *creative commons* ou "bens comuns criativos". Essa regulamentação é uma autorização voluntária do autor para a utilização de sua obra, particularmente das obras novas e não daquelas que já estão sendo baixadas, editadas e compartilhadas em rede, de forma ilegal[28]. As licenças CC têm sido muito importantes para o movimento *recursos educacionais abertos* (REA), articulado pela Unesco no início dos anos de 2000 e considerado hoje um dos projetos sobre autoria mais inovadores que existem[29]. O objetivo do movimento REA é fomentar a produção e a disseminação de conteúdo educacional mediante a liberalização do seu uso. Entre esses conteúdos encontram-se cursos completos, módulos, livros didáticos, artigos de pesquisa, vídeos, testes, software e qualquer outra ferramenta, material ou técnica que possa apoiar o acesso ao conhecimento (UNESCO/COL, 2011). Do ponto de vista conceitual, trata-se de "um movimento para que as pessoas tenham consciência crítica sobre o seu papel em uma sociedade cada vez mais mediada por recursos digitais" (EDUCAÇÃO ABERTA, 2011, Introdução). A sua fundamentação teórica baseia-se na ideia de que, com a tecnologia digital, se estabeleceu o início de uma era da abundância, em oposição à escassez criada pelo sistema de mercado: quando um bem é abundante, é a escassez que gera valor de venda, enquanto que, na sociedade mediada pela internet, a escassez é difícil de controlar.

Bom exemplo disso é o caso do livro. Um livro impresso pode passar de mão em mão, mas copiá-lo inteiramente pressupõe um custo relativamente elevado. Ao contrário, um livro digital é reproduzido em cópias ilimitadas e é imediatamente disponibilizado pela rede para todos, inclusive para os cidadãos que, a princípio, não teriam acesso a uma biblioteca. O mesmo acontece com qualquer outro produto cultural, pois todos os arquivos digitais podem ser copiados e difundidos a custo mínimo.

---

28. Para mais informação, cf. http://www.creativecommons.org.br/
29. A partir dessa primeira possibilidade de uso *aberto* de conteúdos, surgem outros movimentos afins, como o da ciência aberta ou dos dados abertos (AMIEL, 2012).

Essa peculiaridade que parece meramente técnica volta a levantar a polêmica das relações entre cultura e negócio, mas a questão é mais profunda do que poderia parecer, pois tem a ver com a inclusão, o acesso à cultura e a autoria no mundo contemporâneo.

A definição desses três conceitos está hoje numa encruzilhada: um dos caminhos indica a necessidade de reconhecer a produção compartilhada de cultura e de tudo o que seja criação nova, reafirmando a crise do gênio criativo que se iniciou com a indústria cultural; o outro caminho tenta reconfirmar o modelo de comunicação de massa, em que o emissor possui a responsabilidade total de sua obra, seja ela uma produção cultural, seja um bem material, lutando pela proteção dos direitos de propriedade intelectual (os protagonistas dessa luta, muitas vezes, não são nem os autores, mas as agências de produção e de distribuição que compraram os direitos a ela atrelados).

A nosso ver, a educação encontra-se na mesma encruzilhada: entre um sistema que resiste à mudança e se entrincheira atrás da "genialidade" do professor, e um modelo que exige a coprodução livre de conteúdos, reconhecendo que toda cultura e todo conhecimento se produz em conjunto. Porém, continuando com a metáfora, ao se preservar a genialidade do professor, o que está sendo protegido não é necessariamente sua autoria, pois sua prática segue apostilas, manuais e programas que às vezes nem lhe deixam muito espaço para ser criativo, agindo como uma barreira para sua livre-expressão. Diante dessa situação, que desconhece o estatuto do professor como sujeito criador, Pretto nos diz que "é necessário resgatar o papel dos professores enquanto protagonistas privilegiados desses processos educativos, demandando uma posição ativista dos mesmos. [...] Esse professor *hacker*, seguramente, desempenhará um importante papel de liderança acadêmica e política e, com isso, terá possibilidade de trabalhar com todo e qualquer material disponível" (PRETTO, 2012, p. 96).

Por outro lado, já foi esclarecido que não existe autor que crie sozinho. A sala de aula ainda tende a reproduzir um modelo de comunicação típico da mídia massiva, em que emissor e receptor estão separados e têm papéis opostos que dificilmente se invertem, em recombinações de autoria coletiva. Dadas as infinitas possibilidades que as novas tecnologias nos oferecem, não é incompreensível a crescente intolerância que sentem os jovens diante de um modelo educativo unilateral, em que a autoria – quando existe – se expressa somente no professor. Com a valorização da interatividade, a separação entre locutor e interlocutor perde peso e precisa ser ressignificada (SILVA, 2009). A emergência da cultura digital impulsiona uma mudança de atitude por parte do professor, com o fim de superar o modelo transmissivo de informação. Para isso, afirma Silva (2009, p. 96), "Os professores precisarão atentar para o hipertexto, isto é, para o não sequencial, para a montagem de conexões em rede que permite uma multiplicidade de recorrências entendidas como conectividade, diálogo, participação e colaboração", o que não significa necessariamente utilizar constantemente as

TICs em suas práticas pedagógicas, mas somente não deixá-las fora das paredes escolares, como se fossem um mundo à parte. Segundo essa perspectiva, além de serem os autores de suas aulas, os docentes deverão se tornar gestores das produções de autoria dos alunos, propiciando experimentações, debates e manifestações, "mobilizando a experiência do conhecimento" (p. 96).

O ponto mais interessante para analisar as relações entre escola e autoria nos foi dado pelo movimento REA – Recursos Educacionais Abertos –, ao propor que o conhecimento deve ser livre para ser reutilizado, que a colaboração entre usuários da rede deve ser mais fácil e que essas práticas são uma contribuição tanto para os processos de ensino-aprendizagem quanto para as diversas investigações em diferentes áreas, que poderão ser realizadas. A proposta de Pretto (2012) é que o discurso sobre os recursos educacionais abertos não seja descolado da realidade dos professores, que são os principais autores dos processos pedagógicos e, portanto, os primeiros agentes de mudança.

Em suma, autoria em educação significa disponibilidade para produzir, criar, questionar e expressar-se, além de iniciativa para propor práticas e construir conhecimento. Essa perspectiva ajuda a superar o simples consumo do que já está disponível em rede e orienta as escolhas, as produções coletivas e as intencionalidades individuais. Ela acarreta a possibilidade de modificação da forma e aspecto estético das produções, e, ao mesmo tempo, uma transformação de seu conteúdo, permitindo aos professores e alunos serem desbravadores de novas trilhas e construtores de ambientes abertos e dinâmicos. Nesse sentido, alerta Fantin: "É importante ir além da ideia de considerar as mídias e tecnologias apenas como recursos ou aspectos importantes da educação. Esse argumento é válido, mas seu valor é limitado, sendo necessário ir além e pensar um currículo que entenda a mídia como cultura e propicie um repertório de saberes e competências correlacionados e integrados a todas as mídias, problematizando tanto a ênfase na leitura crítica quanto na produção criativa" (FANTIN, 2012c, p. 71).

A inclusão digital passa também pelas práticas de produção de conteúdo, orientadas a uma cultura que auxilie os jovens na construção de suas identidades sociais e na conexão do livro de texto com as suas experiências concretas no mundo. Um mundo que – apesar de, às vezes, considerar esses jovens como autores ilegais – os coloca, atualmente, na posição de participantes ativos e autores da produção cultural.

2.3 A importância da motivação para aprender

O cenário descrito busca definir a autonomia e a autoria como duas instâncias que se desenvolvem mediante uma simbiose entre aluno e professor, em um contexto "de predisposição pessoal e coletiva" (PACHECO & PACHECO, 2014, p. 28), livre dos constrangimentos impostos pela cultura escolar, mas ao mesmo tempo não totalmente espontâneo, pois "nada acontece no vazio".

A construção da autonomia/autoria do aluno envolve totalmente o professor em sua função docente, colocando-o na contingência de repensar o processo de ensino-aprendizagem, a fim de que este seja instigante para os seus alunos. Para alcançar esse objetivo, é importante que a sala de aula seja percebida como um ambiente enriquecedor, onde os jovens encontrem tarefas e atividades focadas no desenvolvimento de suas capacidades. Com esse intuito, as mídias e as tecnologias digitais podem ser encaradas como um elemento crucial na geração de motivação para aprender.

2.3.1 Os componentes da motivação

O leitor já terá notado que, em nosso discurso, o tema da motivação entra recorrentemente em discussão. A origem etimológica do termo é a palavra *motus*, que em latim significa movimento: a motivação é sempre um movimento rumo a um objetivo a alcançar, que traduz em ação o desejo de fazer algo. Apesar de ser reconhecida como condição fundamental e indispensável para que pessoas, organizações e países alcancem os seus objetivos (MASLOW, 1954), não obstante ser objeto de inúmeras pesquisas, a motivação aparece ainda como uma força misteriosa de difícil explicação, o que se faz mais evidente no caso da aprendizagem.

Desde os anos de 1960, muitas teorias foram construídas para explicar a motivação humana frente à aprendizagem, e diversos conceitos vêm sendo elaborados ao longo das últimas décadas, com ênfase na causalidade do comportamento humano (WEINER, 1979), a obtenção de metas (ELLIOTT & DWECK, 1988), as percepções baseadas no autorreconhecimento de capacidade (BANDURA, 1989) ou a autodeterminação (DECY & RYAN, 1985). De acordo com essas teorias, os seres humanos são movidos por necessidades psicológicas fundamentais, cuja satisfação é a base de uma relação saudável com o seu ambiente social. Para isso, os indivíduos realizam ações cujo *motus* pode ser de caráter intrínseco ou extrínseco.

A Teoria da Autodeterminação estuda os componentes das duas formas de motivação assinaladas e os fatores relacionados com a sua promoção. Quando um sujeito se envolve em uma atividade por iniciativa própria, por curiosidade pessoal, fala-se em motivação intrínseca: o seu comprometimento com a atividade é considerado ao mesmo tempo espontâneo e autotélico, o que significa que, para ele, a participação é já uma recompensa em si mesma, não sendo necessárias pressões externas para o seu desenvolvimento. Essa situação pressupõe um sujeito relativamente autônomo e capaz de se orientar no processo, aceitando os desafios que se apresentarem ao longo do caminho até a realização da tarefa (GUIMARÃES, 2009).

Ao contrário da motivação intrínseca, a motivação extrínseca caracteriza-se pela realização de uma ação que visa ao reconhecimento social ou ao recebimento de recompensas materiais. Enquanto a motivação intrínseca é considerada autônoma, a extrínseca depende do controle externo.

Ryan e Deci (1985) apontam que a maioria das ações humanas é influenciada por assuntos de motivação extrínseca. Contudo, um comportamento extrinsecamente motivado pode ser, também, autodeterminado. O que significa isso? Significa que o ser humano é capaz de integrar e, gradualmente, internalizar os comportamentos inicialmente determinados por uma causa externa, seja ela uma recompensa material, seja um reconhecimento social. Nesse processo, o indivíduo desenvolve um sentido de autonomia com respeito às tarefas a serem completadas, e suas ações são reforçadas por essa sensação. Um possível – e desejável – resultado é alcançar a responsabilidade e a autonomia na realização das tarefas abandonando o interesse pela recompensa. Ou, em outras palavras, transformar naturalmente a motivação extrínseca em intrínseca.

O alcance da autonomia e da autodeterminação é, portanto, um prêmio em si mesmo. Ora, em todo processo de aprendizagem observa-se a existência dos dois tipos de motivação humana, mas a peculiaridade da motivação para aprender está no desenvolvimento de atividades de caráter cognitivo (BZUNECK, 2009). Ryan e Deci (1985) partem do pressuposto de que todos os indivíduos possuem uma orientação geral inata para o crescimento, em direção à motivação autônoma. Isso se deduz da curiosidade, perseverança, concentração e prazer com que as crianças participam das situações de aprendizagem. Os autores procuram definir três necessidades psicológicas inatas que compõem a motivação intrínseca: (1) a necessidade de *competência*, (2) a necessidade de *pertencer* e (3) a necessidade de *autodeterminação* (DECI & RYAN, 1996).

Examinemos brevemente os três componentes. *Competência* significa capacidade do ser humano de estabelecer uma interação bem-sucedida com o contexto em que vive (WHITE, 1959). Nesse sentido, a necessidade de competência nortearia a motivação do indivíduo em direção à capacidade de lidar com o seu entorno social. A necessidade de pertencer tem a ver com a percepção de estabelecer relações seguras, dentro de um ambiente no qual o indivíduo se sinta fazendo parte. Pesquisas enfatizam que a atividade exploratória das crianças depende de uma sensação de *vínculo afetivo* proveniente das relações com os adultos e que isso não é apenas válido para a primeira infância, mas para qualquer fase da vida (BORUCHOVITCH, 2008; GUIMARÃES, 2009). Por fim, parece crucial, dentro do processo de aprendizagem, o terceiro elemento mencionado: o desenvolvimento da sensação de *autonomia* e *autodeterminação*, junto com o sentimento de satisfação pessoal. Esse sentimento permite às pessoas se dedicarem a uma atividade por acreditarem que o fazem por vontade própria, ao invés de serem obrigadas. Desse modo, o indivíduo também acredita ser agente de mudança (DECI & RYAN, 1985; STIPEK, 1993).

Em suma, quando houver um interesse pessoal, uma curiosidade inicial do jovem ou um engajamento prazeroso com as atividades propostas, não será preciso convencê-lo a iniciar ou permanecer em uma atividade, porque já estarão presentes os rudimentos que impulsionam a motivação intrínseca. Contudo, trata-se de um equilíbrio delicado. Após a primeira infância, a motivação intrínseca parece ficar restrita, sobretudo, a situações alheias ao âmbito escolar. No contexto da sala de aula, as atividades começam a se encaixar dentro de uma estrutura curricular, com diferenciação de conteúdos por disciplina e por série, e com um sistema de avaliação focado no cumprimento de cada atividade (GUIMARÃES, 2009). Ao mesmo tempo, aumentam as demandas sociais e os papéis que requerem que os sujeitos assumam responsabilidades relacionadas com tarefas não intrinsecamente interessantes. Às vezes, determinadas recompensas extrínsecas podem mesmo afetar as motivações intrínsecas, tendo impacto negativo: o uso de incentivos atrelados ao desempenho motivaria os alunos só para a recompensa e não para a aprendizagem. Cada vez mais, fica difícil estabelecer com segurança quais fatores internos e/ou externos à situação tiveram impacto na motivação do aluno (GUIMARÃES, 2009).

De um ponto de vista educacional, o que mais importa examinar é o contexto de aprendizagem. Na literatura sobre o assunto, ressalta-se que a motivação é primeiramente determinada por crenças individuais que se referem a opiniões e julgamentos em relação a acontecimentos, objetos ou conteúdos de uma área disciplinar (BANDURA, 1986; BOEKAERTS, 2002; BORUCHOVITCH & BZUNECK, 2009; PAJARES, 1996; SCHUNK, 1991). Essas crenças exercem influência direta nas ações e comportamentos dos alunos e, portanto, precisam ser conhecidas e analisadas. Elas resultam de experiências de aprendizagem direta, de aprendizagem por observação, de afirmações verbais feitas por adultos e pares, e de comparações sociais. Podemos percebê-las como um "guia" do pensamento do aluno, de seus sentimentos e de suas ações em relação a determinada disciplina de estudo: um conjunto de convicções positivas e negativas muito resistentes à mudança. Por isso, é indispensável que os professores sejam conscientes de sua existência e tenham conhecimento delas, para poder integrá-las no trabalho educativo. Pesquisas destacam que um planejamento didático baseado nesse conhecimento pode conseguir valorizar as crenças positivas em detrimento das negativas, facilitando dessa forma a motivação para a aprendizagem.

Além disso, há uma forte influência das relações interpessoais, que incluem as relações com os pais, os professores e os grupos de pares. Desse modo, o ambiente de sala de aula tem o poder de fomentar ou de inibir a natureza ativa dos alunos e seus esforços para a autodeterminação. Porém, alerta Bzuneck (2009), não é suficiente criar um clima emocional positivo. Deve-se lembrar que os alunos serão motivados por tarefas significativas, embora nem sempre prazerosas. A complexidade dos processos motivacionais exige que o professor esteja sempre atento às dinâmicas da sala de aula. Para se alcançar um objetivo de aprendizagem, a atividade e o seu percurso didático devem continuar a proporcionar desafios e momentos de satisfação das necessidades que compõem a motivação interna: competência, pertencimento, autonomia.

Por fim, a literatura mais recente sobre o tema sinaliza a importância da *qualidade* do envolvimento pessoal: não basta que o aluno realize um esforço no processo de aprender, mas exige-se que exercite estratégias cognitivas e utilize seus recursos em um processo de aprofundamento. Pesquisas ressaltam que a qualidade da aprendizagem é muito diferente em presença de um ou outro tipo de motivação: a motivação intrínseca é mais efetiva do ponto de vista da aprendizagem (BOEKAERTS, 2002; BORUCHOVITCH & BZUNECK, 2009; RYAN & DECI, 1996). Isso nos remete às teorias citadas anteriormente, de Pellerey (1979) e de Ausubel (1968), sobre a aprendizagem significativa.

O caso mais complexo que podemos conjeturar é a falta desses elementos ou a presença de uma curiosidade inicial que não evolui para a motivação intrínseca. Nesses casos, emerge muitas vezes na fala dos professores o problema da desmotivação do aluno, com a qual não se sabe como lidar. Ora, alegamos com Bzuneck (2009, p. 24) que "problemas de motivação estão *no* aluno, no sentido de que ele é o portador e o maior prejudicado. Mas isto não significa que ele seja o responsável, muito menos o único, por essa condição. Assim, não seria correto generalizar que a motivação ou seus problemas são *do* aluno". As razões da falta de motivação podem ser trabalhadas no âmbito da comunidade que a sala de aula representa, favorecendo a troca de opiniões, desmistificando as falsas expectativas e pautando a construção social do conhecimento pelas dinâmicas colaborativas. Nesse sentido, é papel do professor manter alto o nível de motivação do aluno, através do diálogo contínuo e da busca por novas estratégias de ensino-aprendizagem, evitando o tédio pelos conteúdos disciplinares.

No próximo capítulo, explicaremos por que as tecnologias digitais representam um aliado, e não um inimigo, na ação difícil de incrementar, orientar e consolidar a motivação do aluno.

2.3.2 A mediação do professor e seu "estilo motivacional"

Até aqui foi feita uma breve incursão nas estratégias que existem para incentivar a motivação. Chegamos à conclusão de que é possível conhecer algumas das crenças que motivam o aluno, trabalhar sobre as que são positivas e favoráveis, oferecer alguns elementos de motivação extrínseca e investir na transformação do seu interesse pela recompensa no interesse pela própria autodeterminação. Resta saber, porém, qual é o grau de consciência dos professores sobre suas responsabilidades, pois não podemos esperar motivação no aluno se não há motivação por parte do professor (PACHECO & PACHECO, 2014). Ou seja, é crucial que o docente reconheça e acredite na importância das suas ações para influenciar a motivação intrínseca dos alunos.

A confiança do professor em determinadas estratégias de ensino-aprendizagem é o que em literatura se chama de "estilo motivacional" (REEVE et al., 1999). Esse conceito engloba aspectos relacionados com a personalidade do docente – mais autoritária ou mais dialógica – e com as habilidades adquiridas ao longo de sua experiência profissional. Entre elas destacam-se a empatia e o domínio da linguagem, habilidades orientadas a assumir a perspectiva do outro e a valorizar a informação como elemento que guia e fundamenta a decisão alheia.

Além desses aspectos, apontam Guimarães e Boruchovitch (2004), o estilo motivacional do professor também é influenciado por fatores sociocontextuais: o número de alunos em sala de aula, as relações com a comunidade escolar, as eventuais pressões sofridas por pais e diretores, as concepções ideológicas, o sistema de avaliação do trabalho docente adotado na escola, entre outros. As autoras relatam que os resultados das pesquisas sobre os estilos motivacionais (DECI; SCHWARTZ; SHEINMAN & RYAN, 1981) descrevem a existência de um *continuum* de atitudes que variam de "altamente controladora" a "altamente promotora de autonomia" (GUIMARÃES & BORUCHOVITCH, 2004, p. 147). Quanto mais nos aproximarmos do extremo em que se situa o estilo promotor de autonomia, mais importância ganha a informação, o diálogo, a empatia, as oportunidades de escolha por parte do aluno e o retorno do professor sobre as decisões tomadas. Consequentemente, quanto mais nos aproximamos do polo oposto, mais valor adquire a indicação do professor, a expectativa de formas específicas de comportamento por parte dos alunos e o cumprimento de tais expectativas, através de incentivos de caráter extrínseco.

Tratando-se de um *continuum*, haverá atitudes híbridas que utilizarão estratégias mais controladoras e outras estratégias que promovem maior grau de autonomia, configurando um modelo que pode ser ilustrado pela Figura 4.

Figura 4 Representação gráfica do *continuum* de atitudes evidenciado por Guimarães e Boruchovitch (2004) com base em pesquisas sobre estilos motivacionais.

Ora, já examinamos extensamente como as TICs possibilitaram a criação de uma nova cultura baseada no compartilhamento da informação, na interatividade e no engajamento social, abrindo uma porta para a introdução de novas e relevantes experiências na área da educação. Muitos autores afirmam que as fronteiras entre os métodos de instrução tradicionais e as práticas de ensino com recursos digitais vêm sendo progressivamente reduzidas, favorecendo a criação de "comunidades de aprendizagem" dentro da sala de aula (BANNELL et al., 2016; ELBOJ et al., 2002; YUS, 2002). Graças a elas, as classes transformam-se em lugar de encontro entre sujeitos potencialmente autônomos, que, partindo de um interesse em comum, comprometem-se a trabalhar juntos, influenciando-se mutuamente dentro de um processo de aprendizagem.

Mesmo que pareça um paradoxo, defendemos com Moran (2013, p. 35) que "quanto mais tecnologias, maior a importância de profissionais competentes, confiáveis, humanos e criativos". Em outras palavras, para que a sala de aula se torne uma "comunidade de aprendizagem", é fundamental que o professor se converta em líder pedagógico, que atue como mediador. Isso não significa pensar o professor como um elo instrumental entre conhecimento e aluno, mas como um espaço relacional fundamentado na confiança, onde ficam circunscritas as ações dele e do aluno. "É nessa tarefa de mediação que se revela o papel de intelectual do professor, papel não só de portador, intérprete e crítico de uma cultura, mas também de produtor e divulgador de conhecimentos, técnicas e procedimentos pedagógicos, além de agente de socialização, de intérprete e de guardião responsável pela consolidação das regras de conduta e daquelas maneiras de ser valorizadas pela sociedade e pela escola" (MELLOUKI & GAUTHIER, 2004, p. 545).

Seu papel tem, assim, uma dupla função. Por um lado, suas estratégias serão as principais responsáveis por conseguir motivar os membros da comunidade da sala de aula a se envolverem na resolução colaborativa de problemas, reconhecendo a impossibilidade de memorizar toda a informação disponível e a necessidade de complementar os conhecimentos individuais. Nesse sentido, a mediação consiste em guiar os discentes em suas descobertas e criações autorais, produzindo conhecimentos junto com eles. Por outro lado, uma vez que a criação autoral de conteúdos se expande vertiginosamente e que o acesso a dados, informações e saberes se amplia, a sala de aula deve ser o lugar onde se desenvolvem as habilidades de leitura hipertextual, se estabelecem relações entre informações, se desafia o senso comum, se aprende a pesquisar e a fundamentar e trocar ideias. Em outras palavras, a sala de aula transforma-se numa "oficina" intelectual.

Diante da transversalidade que essas ferramentas e suas linguagens possuem, o desafio do professor é estabelecer objetivos específicos e formas adequadas para promover processos de ensinar/aprender com as novas mídias, de forma significativa. Por isso, ele precisa repensar sua prática pedagógica, aceitando não absorver todo o universo de informações a serem passadas para os alunos e tornando-se um articulador de saberes. Em outras palavras, assumindo uma atitude o mais próxima possível do estilo motivacional promotor de autonomia. Para que docente e discente, juntos, possam dar sentido às questões do mundo contemporâneo, exercitar a sua criatividade, encarar desafios e trabalhar em conjunto para tornar a aprendizagem significativa e desafiadora, é imprescindível que o professor "aprenda com os aprendizes" (BELLONI & GOMES, 2008), seja humilde e "aberto a ampliações, a modificações vindas da parte dos aprendizes" (SILVA, 2009) e se torne um "parceiro solidário" de seus alunos (BEHRENS, 2013).

O conceito que melhor resume as principais questões discutidas até aqui, para concluir, talvez seja o de diálogo. O diálogo instaura-se na relação educativa para criar autonomia, e deveria levar a um questionamento contínuo das habilidades de comunicação do professor e à reflexão sobre sua prática pedagógica. O diálogo também deve ser revitalizado na relação entre pares e na constituição de um ambiente de aprendizagem colaborativo e inclusivo, a fim de limitar a incidência de fatores sociocontextuais negativos na ação do professor. Enfim, o diálogo é o processo pelo qual o cidadão entra em relação com a comunidade, de maneira respeitosa e responsável.

A dimensão fundante da intervenção escolar como prática social inclusiva exige o diálogo como forma de inclusão incondicional do outro. Do mesmo modo, acreditamos que a inclusão digital não possa ser revigorada se não aprofundarmos aspectos como as atitudes culturais e as práticas de ensino-aprendizagem com a tecnologia, a fim de empreender uma busca por "novos modos de ensinar que considerem os novos modos de aprender" (BELLONI & GOMES, 2008, p. 740).

O tríplice estudo de caso que apresentamos a seguir tem por objetivo pesquisar a inclusão digital para além do acesso técnico e financeiro às TICs, no sentido de uma inclusão cidadã à cultura digital pelo desenvolvimento de habilidades de uso estratégico da tecnologia, ou seja, no sentido do letramento digital, da colaboração, da autonomia/autoria do aluno. A pesquisa parte desses pressupostos, com o objetivo de encarar a tecnologia não só como fator de desigualdade social e de criação de novos analfabetismos, mas também como possível solução desses mesmos problemas.

3

Tecnologias móveis na educação: uma pesquisa comparativa

3.1 A tecnologia móvel como resposta à exclusão digital

A implementação de tecnologia em sala de aula foi a primeira resposta à exigência de desenvolvimento e de inovação na escola, e, após a normalização da demanda de tecnologia nos países desenvolvidos, transformou-se, também, em interesse do mercado.

Em particular, vem-se defendendo recentemente a proposta da chamada tecnologia móvel, a qual consiste na utilização de um *laptop* ou um *tablet* por cada aluno da sala de aula, com fins didáticos. Um primeiro aspecto inovador do computador portátil é o seu caráter pessoal, o que permite que os seus potenciais efeitos positivos se espalhem também sobre as famílias e sobre a comunidade das crianças, isto é, no tempo extraescolar, graças ao acesso generalizado e continuado que ele possibilita. Um segundo aspecto inovador consiste em que o computador portátil permite superar a lógica do laboratório informático, substituindo-o por um computador que está sempre na escrivaninha, pronto para ser utilizado transversalmente nas diversas disciplinas escolares.

3.1.1 Breve história da tecnologia móvel nas escolas

O conceito de tecnologia móvel tem se tornado gradualmente objeto de interesse das iniciativas internacionais para o desenvolvimento. Na década de 1990, nasceram as primeiras propostas de computadores a baixo custo para as crianças em idade escolar dos países em vias de desenvolvimento, com o objetivo de: 1) reduzir os custos de aquisição e manutenção da tecnologia; 2) desenvolver funcionalidades específicas para o uso das TICs em condições de escassa urbanização e carência infraestrutural; 3) gerar alfabetização, através de uma adaptação cultural da tecnologia que esteja de acordo com as diferentes normas sociais (PATRA et al., 2007). Além disso, esse tipo de projeto move-se pela convicção de que o instrumento tecnológico tem o potencial de superar as dificuldades de ensino, oferecendo flexibilidade para a organização espacial e as práticas pedagógicas, nunca antes experimentada pela escola.

O computador pioneiro dessa nova fase surgiu em 1998, na Índia, com a intenção de revolucionar o mundo informático de última geração. Trata-se do Simputer, acrônimo de "Simple, Inexpensive, Multi-lingual Computer", que custa 200 dólares, é dotado de reconhecimento vocal e *touch screen*, é resistente à água e à temperatura, adota o sistema operacional gratuito Linux e permite acesso à internet[30]. O Simputer persegue cada um dos três objetivos supracitados, além de levar em conta os limites a serem superados: os obstáculos para a difusão das tecnologias, as barreiras linguísticas e o analfabetismo. Para a distribuição dos Simputers, o projeto prevê, por último, a coparticipação de organizações não governamentais, de acordo com o consolidado esquema do microcrédito[31].

No mesmo ano, o Brasil lançou o computador popular (CP), com características técnicas iguais às de um PC normal com sistema operacional Linux, mas com *design* que facilita a relação direta entre o usuário e a máquina. Pela primeira vez se aceitou a medida de procurar apoio financeiro público para garantir a produção do PC por 300 dólares, mas esse parece ser justamente o aspecto crítico do projeto.

Em 2005 nasceu, por iniciativa de Nicholas Negroponte, do MIT de Boston, o Projeto One Laptop per Child (Um Computador por Aluno, UCA), certamente o projeto mais discutido e aquele que até hoje gerou as maiores expectativas, devido à repercussão que obteve em escala mundial após a sua estreia no WSIS (World Summit on the Information Society) da Tunísia. O custo inicial do portátil foi fixado em 208 dólares, com a perspectiva de diminuir para o valor de 100 dólares (nunca realmente atingido), na medida em que fosse alcançando maior difusão no mundo, por meio de um sistema de financiamento público sem fins lucrativos. Além do aspecto econômico, o computador apresenta algumas características que o diferenciam das iniciativas precedentes. Possui baixo consumo de energia e *design* adequado às condições de uso dos países em vias de desenvolvimento, destinando-se explicitamente às crianças. O lançamento do OLPC desencadeou uma série de iniciativas comerciais de computador a baixo custo, cujo objetivo primeiro foi o de "inovar a educação"[32]. Destina-se a todas as crianças em idade escolar dos países em vias de desenvolvimento e alcançou, até hoje (abril de 2016), 42 países, com cerca de dois milhões e meio de unidades distribuídas em todos os continentes, operadas pelas instituições locais e nacionais.

Em 2005, o projeto OLPC foi apresentado também ao governo brasileiro no Fórum Econômico Mundial em Davos, na Suíça. Entre 2008 e 2010, teve uma primeira fase de experimentação em cinco escolas, passando depois para uma se-

---

30. Cf. o site oficial: http://www.simputer.org

31. Sistema de pequeno empréstimo que, inventado no próprio subcontinente indiano, revolucionou a técnica de ajuda para o desenvolvimento em todo o mundo.

32. Site oficial de One Laptop per Child: http://one.laptop.org – Acesso em dez./2014.

gunda etapa em que se expandiu para 300 escolas em diversos estados do país. Paralelamente, por iniciativa dos governos federal, estaduais e municipais, implementou-se o UCA Total, que consiste na replicação do projeto em seis municípios brasileiros, com todas as suas escolas atendidas. Nessa ocasião substitui-se o *laptop* XO por outro, produzido pelo consórcio CCE/Digibrás/Metasys. Hoje o programa atinge escolas públicas de Ensino Fundamental em todos os estados do país, como resultado de uma política pública federal que articula governos estaduais e municipais, universidades, NTE e NTM, escolas e empresas.

3.1.2 *Projeto OLPC e UCA: fundamentos teóricos e questões abertas*

O computador do One Laptop per Child se propõe como uma resposta ao problema da brecha digital, entendido como a diferença de oportunidades de acesso ao conhecimento. A ideia que fundamenta essa visão é que dispor de um computador significa possuir a chave para o desenvolvimento e a participação, porque "o que falta à criança não são as capacidades, mas as oportunidades e os recursos"[33].

Do mesmo modo, o programa nacional do Brasil, Um Computador por Aluno (ProUCA), tem por objetivo "ser um projeto educacional utilizando tecnologia, inclusão digital e adensamento da cadeia produtiva comercial no Brasil" (MEC, 2005).

A referência teórica dos dois projetos é Seymour Papert (1980) e o seu ponto de vista educacional a respeito da teoria construtivista de aprendizagem. Seu quadro conceitual sugere que a mente do sujeito, quando envolvida em um processo de aprendizagem, necessita construir objetos e dispositivos para gerar ideias.

A abordagem de Papert está centrada na ideia de que uma das coisas mais importantes a serem ensinadas às crianças é a autonomia e a independência de pensamento, porque são elas as responsáveis pela sua aprendizagem. Essa orientação se inspira nas teorias construtivistas de aprendizagem e, em particular, nas contribuições de Piaget e Vygotsky.

Segundo Piaget (1943), a compreensão se obtém pela descoberta, que gera habilidades de produção e criatividade, sem construções e fórmulas repetitivas de acesso aos conteúdos. As crianças, em particular, são as que mais compreendem o mundo pela sua experiência direta. A escola é o primeiro espaço em que o indivíduo pode experimentar o trabalho de grupo e a cooperação, processo que evolui com o tempo até encontrar um equilíbrio fundado no recíproco intercâmbio intelectual. A contribuição de Vygotsky (1980) para o desenvolvimento das teorias construtivistas deriva da ênfase que ele colocou na relação entre os aspectos socioculturais e o desenvolvimento cognitivo. Vygotsky tenta pensar na influência que o social exerce sobre a produção criativa: para ele, o que a criança

---

[33]. Site oficial de One Laptop per Child: http://laptop.org/en/vision/education/index.shtml – Acesso em dez./2014.

é capaz de fazer sozinha, em termos de complexidade de trabalho, não está nem perto daquilo que a criança é capaz de fazer com a assistência de alguém, seja um professor, seja o pai ou um membro do grupo de pares.

Em síntese, a teoria construtivista afirma que o conhecimento é produto de uma construção de significados ativa, que ocorre na sociabilidade por meio de formas de colaboração e de negociação cultural. O conhecimento está, além do mais, fortemente ancorado no contexto em que se constrói, a tal ponto de não haver mais sentido na pesquisa de uma verdade objetiva e predeterminada que prescinda da interpretação humana.

Afirmando que tudo o que podemos saber é produto de uma construção ativa do sujeito, os construtivistas propõem que "a aprendizagem não é o resultado do desenvolvimento, a aprendizagem é o desenvolvimento" (FOSNOT & PERRY, 2005, p. 33). Nesse sentido, quem aprende deve assumir a responsabilidade de defender, provar e justificar as suas ideias à comunidade e ao grupo de pares. Isso não garante em si e por si um modelo didático estruturado, mas revela a rejeição da educação como reprodução de saberes e acumulação de "rituais de conhecimento" que não têm utilidade nos processos quotidianos de resolução de problemas: expressões linguísticas, operações matemáticas, eventos históricos nunca realmente interiorizados, mas que farão parte de um sistema de conhecimentos que o discente considera importante, apesar de não saber, provavelmente, por quê. Paralelamente, o construtivismo refuta também a concepção do professor como fornecedor de informações e a substitui pela ideia do professor *facilitador* da construção cooperativa de saber. A criatividade dos estudantes situa-se no interior de um contexto fortemente regulado, em que estão nítidas as normas de cooperação, a distribuição de responsabilidades, os instrumentos de avaliação e de autoavaliação. O trabalho dos docentes faz-se visível, assim, mediante ações de *scaffolding*, literalmente "andaimaria", para os alunos. O construtivismo prevê também a utilização de uma variedade de suportes e dispositivos colaterais que se podem fornecer ao aluno que aprende para facilitar o desenvolvimento de habilidades, a apropriação de conteúdos, a evolução do pensamento crítico. Por isso, as técnicas educativas solicitadas pelo modelo construtivista têm gradualmente assimilado o emprego das tecnologias na didática (ARDIZZONE & RIVOLTELLA, 2008; CALVANI, 2005; PERKINS, 1992). O projeto OLPC/UCA se insere justamente nessa nova ideia de aprendizagem, em linha com as exigências atuais da escola, de reformulação da relação professor-aluno e de reconstrução dos processos de aprendizagem em direção a uma coconstrução de significados.

O idealizador do projeto OLPC, Nicholas Negroponte (2007), o definiu como um instrumento de autoaprendizagem – em inglês, *self empowered learning* ou *self-driven learning –*, que valoriza a capacidade de descoberta da criança e a sua disposição natural para a experimentação autônoma. Porém, o risco dessa abordagem poderia ser o de considerar a tecnologia como um elemento de transformação em si e por si, abrindo espaço a relações simplórias de causa-efeito.

Essa visão é geralmente conhecida como determinismo tecnológico. "O chamado determinismo ou imperativo tecnológico atribui uma necessária positividade ao desenvolvimento tecnológico. A tecnologia não é inteiramente controlada pelo homem (como se concebe numa visão instrumental); é ela que, utilizando-se do avanço do conhecimento do mundo natural, verdadeiro e neutro, molda (empurra para um futuro cada vez melhor) a sociedade às exigências de eficiência e progresso que estabelece. [...] As teorias deterministas reduzem ao mínimo a capacidade humana de controlar o desenvolvimento técnico, mas consideram que os meios técnicos são neutros na medida em que satisfazem apenas as necessidades naturais" (PEIXOTO, 2009, p. 220). Aplicada ao contexto da educação, essa visão sugere que qualquer avanço tecnológico seria razão necessária e suficiente para a sua inclusão na escola.

O papel do professor, além disso, é estabelecer os objetivos pedagógicos sem prescindir da complexidade de elementos que dão significado a uma situação de aprendizagem, incluindo o desenho das intervenções e a orientação das mesmas. Isso levanta o problema de avaliar o projeto OLPC, não só do ponto de vista da viabilidade econômica do programa e da adaptabilidade sociocultural, mas também dos aspectos ligados à didática.

3.1.3 Software livre e pedagogia

Ambos os modelos de *laptop* do projeto OLPC e UCA utilizam sistemas operacionais livres, que correspondem a redefinições do sistema Linux.

O primeiro objetivo do uso do software livre é o de perseguir a "saturação" (a difusão massiva), nos países em vias de desenvolvimento. A escolha de utilizar conteúdos livres, no entanto, envolve também um aspecto cultural, na medida em que "a dependência do software de propriedade cria dependência em relação ao modo como os outros pensam e organizam os conteúdos, apesar das leis locais e da cultura de um lugar"[34]. A convicção que guia o trabalho do MIT Media Lab de Boston é a de que o modelo livre é a chave para o acesso a uma qualidade mais alta de programação porque pressupõe também a liberdade individual de criar, modificar e reelaborar os softwares[35].

Porém, enquanto o computador produzido pela Metasys no Brasil apresenta uma estrutura muito parecida à do sistema Windows, com janelas de diálogo e uma área de trabalho dividida em pastas, o *laptop* da OLPC, chamado XO, comporta um software que representa uma verdadeira "revolução pedagógica" (GUASTAVIGNA, 2009). Embora tenha quase a aparência de um brinquedo, o XO foi pensado para ativar uma lógica de aprendizagem inovadora, com a possibilidade de conectar as máquinas presentes em um mesmo lugar – uma sala de aula, por exemplo – sem necessidade de dispor de internet, graças a uma rede wireless chamada Mesh, por meio da qual os usuários podem compartilhar

---

34. Cf. o site da OLPC: http://one.laptop.org – Acesso em dez./2014.
35. Cf. o site da MIT Media Lab:http://www.media.mit.edu – Acesso em dez./2014.

atividades e trabalhar no mesmo documento simultaneamente, comunicando-se por chat.

Por outro lado, os programadores de XO substituíram a subdivisão clássica em pastas por uma lógica que determina categorias de objetos, associados a ícones para representá-los. Nesse portátil não há aplicações no sentido tradicional, mas sobretudo "atividades", e os documentos são chamados "objetos", porque são o resultado de expressões criativas do usuário. A proposta do "diário de bordo" se integra nessa mesma linha conceitual: o sistema operacional salva automaticamente o histórico das ações do usuário em ordem cronológica, enquanto a sua função de arquivo fica em lugar secundário. Em essência, o XO não foi concebido como um computador de escritório, mas como um ambiente de aprendizagem para a criança, concretizado numa interface diferente da dos modelos de software mais difundidos, e mais próximo dos *smartphones*. Essa escolha tem um evidente impacto cognitivo: o portátil propõe interpretar símbolos gráficos, prescindir dos formatos que salvam dados, compreender e adquirir a lógica dos marcadores com os quais se possam recuperar os documentos arquivados.

No entanto, as primeiras pesquisas de campo sobre tecnologia móvel na escola mostram que uma organização diferente dos conteúdos, assim como um incremento de acesso à informação, não é condição suficiente para fazer mais eficazes os processos cognitivos e/ou ativar nos alunos uma motivação pessoal pela "aprendizagem por descoberta" (SAMPAIO & ELIA, 2012).

A pesquisa de campo que apresentaremos no próximo capítulo possui como objetivo a avaliação dos mecanismos de inclusão social e de inovação ativados pelos projetos OLPC e UCA em três realidades socioculturais muito distintas. Propõe-se observar:

- O potencial de melhoramento da aprendizagem das crianças, devido à experiência de imersão nas TICs, à nova metodologia, aos conteúdos e à colaboração.

- O suporte dos gestores do projeto aos professores e ao método didático.

- A diferença de atitude das turmas entre a experiência de laboratório informático e a posse pessoal do *laptop*.

- O impacto potencial sobre as famílias e a comunidade envolvida.

Todos esses elementos deveriam permitir desenhar um quadro, parcial e apenas introdutório, do processo de desenvolvimento que leva à inclusão no mundo digitalizado, à inovação da escola e aos seus processos de construção.

3.2 Estudos de caso comparativos: Itália, Etiópia, Brasil

A seguir apresentamos a pesquisa de campo que desenvolvemos entre 2008 e 2012 em três países onde o projeto OLPC/UCA foi implementado em diferentes escolas com o objetivo de alcançar a inclusão digital dos alunos e professores.

Em 2008, a proposta do One Laptop per Child estendeu-se também aos países industrializados, seguindo a fórmula de cooperação internacional *Give 1 Get 1*, em que determinadas instituições de um país industrializado compram certo número de *laptops* para distribuir localmente e uma quantidade equivalente de computadores para um país em vias de desenvolvimento. No ano letivo 2008-2009, a província de Bréscia, no norte da Itália, aderiu a essa fórmula, adquirindo cerca de 700 portáteis XO, distribuindo metade para a escola primária da província e metade para a escola primária de Adis Abeba, na Etiópia. A pesquisa que aqui apresentamos foi realizada durante esses mesmos anos, nos dois países envolvidos no projeto. Posteriormente, em 2012, no âmbito de uma pesquisa de pós-doutorado, apresentou-se a possibilidade de desenvolver um terceiro estudo de caso sobre o UCA, projeto equivalente no Brasil. Na ocasião, a metodologia de pesquisa foi replicada, com o fim de comparar os resultados dos três países, os quais foram surpreendentemente similares, não obstante as diferenças.

3.2.1 Contextos da pesquisa

OLPC na Itália

A província de Bréscia é geograficamente a mais extensa da região da Lombardia e a mais habitada por estrangeiros, cujo número, segundo os registros, triplicou entre 1997 e 2007 (ISMU, 2007). Esse dado refletiu-se claramente na composição étnica das salas de aula primárias, onde se registrava, no momento da pesquisa, um porcentual geral de alunos não italianos correspondente a 15,63%. Sublinhamos esse aspecto porque o projeto OLPC nasceu com o objetivo específico de reduzir a brecha digital. Sobre o território de Bréscia, essa brecha se expressa sobretudo em termos de desigualdade de oportunidades de acesso às novas tecnologias entre crianças de nacionalidade italiana e crianças estrangeiras, as quais provêm de famílias mais pobres e frequentemente desfavorecidas do ponto de vista sociocultural. Como mostra a Figura 5, a maioria das crianças que não possuíam um computador antes do projeto OLPC era de origem estrangeira.

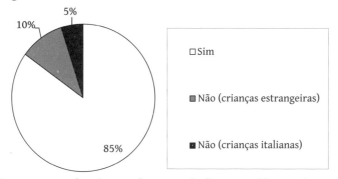

Figura 5 Porcentagem de crianças do campo italiano que já possuíam computador em casa.

Aderiram ao projeto seis escolas, distribuídas em toda a Província de Bréscia, para um total de 13 turmas do terceiro ao quinto ano. Coerentemente com a transversalidade esperada pelo projeto de implantação, havia a expectativa de que os estudantes de todas as matérias pudessem utilizar o XO, inclusive porque o computador tinha uma gama de programas muito variada.

OLPC na Etiópia

O fato de a Etiópia ser uns dos países independentes mais antigos da África e do mundo conferiu a esse país um prestígio e um papel político de primeira relevância no contexto da África, o que tem sido reafirmado pela presença, em Adis Abeba, de organismos da Organização da Unidade Africana (Centro de Estudos Internacionais do Senado da República, 2006). Isso não elimina, porém, o fato de que a Etiópia se encontre entre os países mais pobres do mundo, com uma economia de subsistência baseada, principalmente, na agricultura e na criação de gado (UNDP, 2008).

A Etiópia apresenta um grau muito baixo de penetração de tecnologia. Segundo o último Digital Opportunity Index (DOI), ela se encontra no 172° lugar, numa escala de 181 países (ITU, 2007). O uso das tecnologias na escola é praticamente inexistente e a conexão à internet ainda não está difundida. O acesso à comunicação via TICs é obstaculizado também pelo alfabeto da sua língua oficial, o amárico, antiga escrita silábica cuja digitação precisa de uma complexa combinação de teclas do teclado *qwerty*, para todos os caracteres.

Figura 6 Teclado com caracteres em amárico.

Na Etiópia, o sistema escolar se estrutura em cinco anos de escola primária de primeiro grau, três anos de escola primária de segundo grau e quatro anos de ensino secundário. O número de escolas presentes no território é muito limitado com respeito à população em idade escolar, sendo essa uma das causas da elevada taxa de analfabetismo adulto (cerca de 36%). Sobre o modelo de instrução dominante age a forte influência da tradição cultural e religiosa, que alimenta um sistema marcadamente hierárquico, em que a obediência e a boa educação são as principais qualidades que um aluno deve desenvolver com respeito à autoridade representada pelo professor (ROLF & HERMES, 2008). Portanto, a ideia de um estudante que busca novas informações, as quais serão logo por ele elaboradas graças à própria desenvoltura, é percebida como uma falha no papel do professor. O objetivo escolar do projeto era o de inserir o computador na didática como um instrumento à disposição do aluno quotidianamente, criando condições de aprendizagem próximas do modelo construtivista, que se opusesse à abordagem tradicional enraizada por gerações na Etiópia.

Para a realização e a gestão do projeto, foi definido em 2004 o Engineering Capacity Building Program for Ethiopia, surgido de um acordo entre a cooperação internacional alemã e o Ministério da Capacity Building da Etiópia[36].

Respeitando a metodologia do campo italiano, foi selecionada uma amostra de 13 turmas do terceiro ao quinto ano da escola primária, em três instituições diferentes, duas na capital Adis Abeba e uma na zona rural de Mullo Sayyo. Em geral, a porcentagem de acesso à tecnologia das crianças dessas turmas é quase oposta à da Itália. Nesse caso, 94% dos alunos nunca tiveram um computador antes do projeto OLPC.

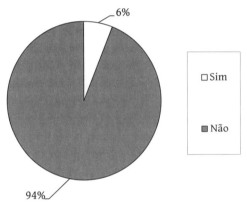

Figura 7 Porcentagem de crianças do campo etíope que já possuíam computador em casa.

Projeto UCA no Brasil

O terceiro estudo de caso foi realizado ao longo do ano letivo de 2012, nos estados de Santa Catarina e da Bahia, e envolveu quatro escolas: duas situadas em capitais (Florianópolis e Salvador) e duas em cidades menores no interior dos dois estados (Jaraguá do Sul e Feira de Santana).

---

36. Em 2008, graças a um acordo institucional com o MIT, e em parte graças ao programa *Give 1 Get 1*, o governo começou a distribuição de cinco mil portáteis XO em quatro escolas primárias do país, duas situadas na capital e duas na zona rural, na região Amara-Oromo. Neste último caso, a implementação do projeto é dificultada pela frequente falta de eletricidade nas escolas e nas casas das crianças que receberam o *laptop*.

Graças a uma economia diversificada e industrializada, o Estado de Santa Catarina é o sexto mais rico da Federação e um dos responsáveis pela expansão econômica nacional. Seus índices sociais situam-se entre os melhores do país: a quantidade de analfabetos com 15 anos ou mais no Estado é de 4,1% (IBGE, 2010); a quantidade de acesso à internet (na população de 10 anos ou mais de idade) é de 69,5% (PNAD, 2008). Florianópolis destaca-se por ser a capital brasileira com o melhor Índice de Desenvolvimento Humano, o qual se encontra na ordem de 0,87, segundo o último relatório divulgado pelo Programa das Nações Unidas para o Desenvolvimento (IDH, 2000)[37]. A cidade de Jaraguá do Sul, no interior do Estado de Santa Catarina, apresenta um Índice de Desenvolvimento Humano dos mais altos do Brasil, devido principalmente ao alto nível de acesso à educação (IDH, 2000). Além disso, é uma das cidades do Estado que mais crescem economicamente. Muitas das indústrias presentes no território são empresas de origem familiar, que com o tempo se tornaram grandes complexos industriais (IBGE, 2010).

No que se refere à Bahia, a sua população é a maior do Nordeste e a quarta maior do Brasil (IBGE, 2010). Segundo os dados do último censo, possui mais de 14 milhões de habitantes, espalhados nos 417 municípios do Estado. Quanto à escolarização, o índice de analfabetos com 15 anos ou mais no Estado é de 16,6%. Cerca de 30% da população nessa mesma faixa etária – com 15 anos ou mais – é considerada analfabeta funcional (IBGE, 2010). O índice de acesso à internet (na população de 10 anos ou mais de idade) é de 26,9% (PNAD, 2008). Com 2,7 milhões de habitantes (IBGE, 2010), Salvador é a capital do Estado da Bahia e o coração da cultura afro-brasileira do país. Centro econômico do Estado, a cidade é também porto exportador, centro industrial, administrativo e turístico. Apesar de ser a capital mais rica do Nordeste e estar entre as primeiras do Brasil, alguns indicadores relativizam essa riqueza (PNUD, 2006). Como no resto do Brasil – e principalmente do Nordeste –, há uma grande desigualdade em diversos aspectos. Além da desigualdade social, a capital da Bahia sofre também com desemprego, violência, turismo sexual e crescimento desordenado: com 99 favelas, a cidade possui a nona maior concentração de favelas entre os municípios do Brasil. Feira de Santana é a maior cidade do interior nordestino. Graças à sua posição geográfica, é um importante centro industrial e comercial do Brasil. Conta com população de quase 600 mil habitantes, bastante miscigenada, em decorrência das correntes migratórias oriundas de todas as regiões do país (IBGE, 2010). Para 41% da amostra total, o *laptop* do programa UCA era o primeiro computador que as crianças adquiriam, sendo a maioria delas do Estado da Bahia.

---

37. Os três pilares que constituem o IDH são saúde, educação e renda (Pnud, http://www.pnud.org.br).

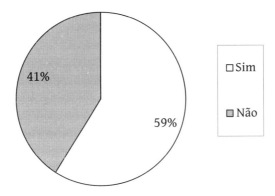

Figura 8 Porcentagem de crianças do campo brasileiro que já possuíam computador em casa.

3.2.2 Metodologia e instrumentos

A pesquisa orientou-se para uma abordagem qualitativa, fundamentada na observação participante das atividades na sala de aula, em entrevistas com professores e gestores, e grupos focais com os alunos. Os dados coletados foram extraídos de:

• Observação de 30 turmas de 16 escolas públicas de Ensino Fundamental I e II.

• Realização de 30 grupos focais com 6-8 alunos, um em cada turma observada.

• Desenvolvimento de 60 entrevistas com professores, diretores e coordenadores do projeto.

Na Itália, a amostra foi composta por 268 alunos, 18 professores e 2 gestores; na Etiópia envolveu 579 crianças, 18 professores, 2 gestores; no Brasil, 302 alunos, 16 professores e 4 gestores.

Nossa proposta foi considerar a inclusão digital para além do acesso técnico e econômico às TICs, abordando-a como um meio de inclusão cidadã à cultura digital mediante o desenvolvimento de habilidades de uso estratégico da tecnologia (VAN DIJK, 2005b). Isso representa um desafio à ideia de que a inclusão digital seja apenas um problema financeiro ou infraestrutural e tenta considerá-la de um ponto de vista mais amplo que tem a ver com a realidade cultural (FANTIN & RIVOLTELLA, 2012; LEMOS, 2007; PISCHETOLA, 2014; WARSCHAUER, 2003). Na procura de um paradigma que responda às necessidades do contexto educativo, buscamos relacionar esse conceito de inclusão digital com três aspectos principais a serem pesquisados: o desenvolvimento de habilidades nos alunos, a motivação para aprender mediante o uso de tecnologia em sala de aula, a adaptação dos professores a um novo contexto de trabalho centrado no aluno.

Dessa premissa destacam-se as três seguintes hipóteses fundamentais.

A **primeira hipótese** é o fundamento teórico dos programas OLPC e UCA, e consiste na ideia de que o uso da tecnologia móvel em sala de aula permite desenvolver habilidades como: 1) autonomia das crianças na resolução de problemas e sua capacidade de criação autoral; 2) práticas sociais de colaboração e troca de conhecimentos, que fundamentam a aprendizagem social e colaborativa; 3) o próprio letramento digital, entendido de forma plural (cf. cap. 2) e como a condição que o sujeito adquire uma vez que incorpora a leitura e a escrita em seu viver.

A **segunda hipótese** que guia a pesquisa é que a motivação influencia de maneira substancial o desenvolvimento de novas habilidades. Embora saibamos que é difícil extrapolar a *motivação* no processo de aprendizagem, pesquisas revelam que ela se relaciona com o gozo pessoal, o interesse e o prazer de se envolver em determinada atividade (ECCLES et al., 2002; LAI, 2011; STIPEK, 1996).

A **terceira e última hipótese** desse trabalho refere-se à atitude do professor diante da tecnologia. Devido à nova organização adquirida pela sala de aula, o professor passa a ter um papel de grande importância, pois deve orientar e mediar continuamente a aprendizagem do aluno, a fim de levá-lo a perseguir a plena compreensão do conteúdo, por meio de soluções criativas que desenvolvam a sua autonomia e autoria.

A observação participante dos três contextos de pesquisa assinalados teve por objetivo entender quais metodologias didáticas, que recorrem ao uso de um *laptop* para cada aluno de todas as disciplinas ministradas em uma escola de Ensino Fundamental, têm grau maior de sucesso.

Por último, é importante explicitar que, das três hipóteses apresentadas, a terceira é para nós a mais importante, pois os fatores que a compõem influenciam as dimensões abordadas nas duas primeiras, como fica ilustrado na Figura 9.

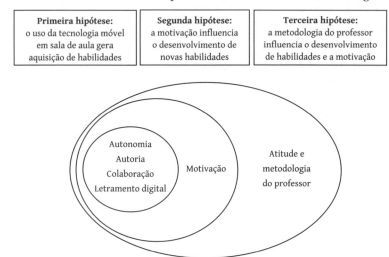

Figura 9 Hipóteses da pesquisa.

Algumas das perguntas que nortearam nossa análise foram:

• Qual é o uso que os alunos fazem do computador em sala de aula?

• Quais são as atividades que os alunos dizem preferir?

• Quais habilidades são observáveis?

• A quais habilidades os professores deram maior relevância durante a observação de seus alunos ao longo do primeiro ano de implementação do projeto OLPC/UCA?

• A inserção do *laptop* no âmbito escolar gerou mais autonomia de pesquisa, novas formas de colaboração, aquisição de letramento digital?

• Quais atividades com o *laptop* despertam a motivação dos alunos?

• Pode-se inferir que as habilidades desenvolvidas criaram novas motivações?

• Qual é a metodologia didática que estimula mais a motivação e o desenvolvimento de novas habilidades (autonomia, colaboração, letramento digital)?

• Qual é o ambiente de aprendizagem mais favorável à construção de novas habilidades? Por quê?

Os mesmos três instrumentos de pesquisa – observação participante, grupo focal com as crianças e entrevistas aos professores e coordenadores – foram aplicados nos três campos de pesquisa, com o fim de obter um modelo de estudo comparativo para contextos socioculturais diferentes (ANDERSON, 1990; BLOOR et al., 2001; MORGAN, 1988; PATTON, 1980; RICHARDSON, 1986).

Observação participante

Observaram-se as atividades com *laptop* realizadas pelos professores, com o intuito de analisar as práticas docentes e as habilidades desenvolvidas pelos alunos em cada situação, a partir das quatro linhas identificadas para nossa pesquisa: autonomia, criação autoral, colaboração e letramento digital. A Tabela 1 resume os indicadores presentes no roteiro de observação.

Crianças	Autonomia	Autoria	Habilidades	
			Colaboração	Letramento digital
Indicadores	Capacidade de lidar com problemas complexos através de analogias	Capacidade de criação imagética, com base nas características do instrumento disponíveis para a produção visual	Pedidos frequentes de ajuda aos companheiros, relativos tanto ao conteúdo quanto aos procedimentos	Habilidades técnicas, rapidez na escrita digital, habilidade de desenhar com uso do *mouse*
	Atitudes e ações independentes frente aos pedidos do professor	Uso original/autoral de um programa ou suas funções	Interação frequente com os colegas durante o desenvolvimento da tarefa	Facilidade na abordagem de programas complexos e procedimentos diferentes do sistema Windows
	Organização do conhecimento prévio para enfrentar problemas novos	Integração de saberes de diferentes áreas disciplinares	Incorporação espontânea de duplas/grupos pequenos, formados pelas próprias crianças	Solicitação da intervenção do professor só depois de várias tentativas não bem--sucedidas para resolver o problema
	Capacidade de abstração na explicação de um procedimento a um colega ou ao professor	Tentativas de hibridação dos planos sensoriais	Compromisso, visível na comunicação, para a realização de trabalho conjunto	Habilidade de descobrir e decorar os procedimentos para partilha de documentos
	Tenacidade no desempenho de uma tarefa, mesmo em presença de obstáculos técnicos	Uso criativo de programas audiovisuais e musicais	Ajuda mútua entre os pares, mesmo quando não explicitamente necessária	Facilidade para aprender um novo procedimento descoberto pessoalmente
	Busca autônoma de soluções para os problemas e capacidade de construir caminhos inovadores para resolver problemas técnicos (hardware ou software)		Partilha contínua dos resultados com colegas e com o professor	Facilidade em explicar para os colegas o passo a passo de um novo procedimento descoberto pessoalmente

Tabela 1 Indicadores do roteiro de observação

Grupo focal

Os grupos focais foram organizados ao redor de uma atividade que consistiu na produção de uma colagem em que as crianças fizeram transposição simbólica da percepção que tinham do *laptop*. O objetivo desses grupos focais foi explorar três âmbitos que seriam interessantes para a pesquisa:

1) As representações da ferramenta. É percebida como um jogo ou como um instrumento de trabalho? É fácil ou difícil de usar? As crianças gostam ou não gostam? Por quê?

2) As representações dos trabalhos desenvolvidos no *laptop*. A escola mudou com a chegada do *laptop*? As tarefas mudam quando realizadas no *laptop*? Por quê?

3) As representações das relações sociais. Mudou a forma de trabalhar com os colegas? Por quê? É mais fácil trabalhar com o *laptop* sozinho ou com um colega?

O roteiro do grupo focal previa uma fase de ativação em que as crianças respondiam individualmente e por escrito a seis perguntas[38], uma segunda fase em que as crianças desenhavam e recortavam imagens de revistas para compor uma colagem com aspectos positivos e negativos do *laptop*, e uma terceira fase em que mostravam a colagem para os outros, explicando suas escolhas e os significados atribuídos a cada imagem.

Entrevista

As entrevistas com os professores seguiram um roteiro semiestruturado, com perguntas preestabelecidas, que deixava espaço à liberdade do entrevistado de articular as respostas e sua ordem, conforme o andamento da conversa. Manter o mesmo roteiro de assuntos a serem perguntados foi uma medida indispensável, que adotamos para possibilitar a comparação final dos resultados.

As entrevistas com os diretores de escola e coordenadores do projeto OLPC e UCA seguiram um roteiro mais flexível, adaptável a cada situação pesquisada. O objetivo principal dessas entrevistas foi captar as visões dos coordenadores com respeito aos fatores de sucesso ou de fracasso do projeto em determinada realidade escolar, a fim de compará-las com as percepções e observações que os professores tinham da sua experiência na sala de aula.

As três pesquisas foram desenvolvidas em italiano, inglês e português. A presença de um tradutor foi necessária só durante o desenvolvimento dos grupos focais na Etiópia, pois as crianças não dominavam suficientemente a língua inglesa para poder comunicar-se com a pesquisadora. Para a análise do material

---

38. A formulação das perguntas seguiu dois critérios: por um lado, ter a menor influência possível sobre as respostas das crianças, por meio de sentenças neutras a serem completadas por elas; por outro lado, articular uma série de perguntas que fossem das questões mais gerais às mais pessoais.

extraído dos grupos focais, a equipe do ECBP providenciou suporte na tradução do amárico para o inglês.

Na próxima seção apresentamos os principais resultados da pesquisa e algumas reflexões sobre a proposta dos programas OLPC e UCA.

3.3 Resultados principais

A coleta de dados encaminhou-se de forma que se pudessem realizar observações, comparações e reflexões sobre o que estava sendo investigado, com o objetivo de alcançar uma visão transversal sobre os três campos de pesquisa. Essa abordagem traz para o estudo os pontos de vista conflitantes e divergentes, e tenta incorporar os elementos de contraste entre pesquisadores e sujeitos de pesquisa (ANDERSON, 1990).

Trabalhamos os dados coletados de forma articulada. As entrevistas foram o material central que, mais tarde, submetemos a uma análise temática individual e transversal. A análise transversal focou os elementos relevantes no âmbito dos dois pilares principais da pesquisa: a inclusão digital e a inovação das práticas didáticas. Os grupos focais permitiram perceber o processo de construção de significados que existe ao redor da tecnologia móvel, em cada turma, dado fundamental para a pesquisa, pois faz parte da representação que as crianças têm do instrumento. Por último, as observações permitiram captar individualmente o potencial do instrumento para atividades educativas dirigidas a alunos, mas também o aspecto social do seu uso no ambiente escolar e fora da escola.

A análise de dados fundamenta-se num referencial teórico orientado pela abordagem metodológica da *Grounded Theory* (GLASER & STRAUSS, 1967), que se baseia na interpretação de categorias gerais, a partir da leitura indutiva de entrevistas, grupos focais e situações observadas nos diferentes contextos escolares.

Os resultados permitem dar respostas, mesmo que parciais, às três hipóteses formuladas.

3.3.1 Uso da tecnologia e aquisição de habilidades

A primeira hipótese da pesquisa é que o uso da tecnologia móvel em sala de aula gera mudanças na aquisição de determinadas habilidades: a autonomia, a criação autoral, a colaboração e o letramento digital. Os três estudos de caso mostram dados interessantes no que diz respeito ao desenvolvimento de habilidades, com diferenças substanciais em cada campo pesquisado.

Itália: crianças autônomas na resolução de problemas

À pergunta "Você notou alguma alteração nas habilidades das crianças?", alguns professores responderam que não notaram diferenças, e outros, que o tempo de um ano letivo, desde o início do OLPC, tinha sido pouco para perceber tais alterações. A maioria deles, porém, manifestou opiniões positivas no que diz respeito ao desenvolvimento de habilidades técnicas e informáticas; lógicas e de resolução de problemas (incluindo a capacidade de "não parar na frente de um obstáculo" e de "conseguir aprender muito rápido a utilizar o programa"); e, por último, habilidades associadas à autonomia no uso da ferramenta, na gestão da informação e na pesquisa, as quais são as mais interessantes para o objetivo do nosso estudo. As palavras dessa professora de 3ª série são uma boa síntese de muitas das entrevistas:

> De "alunos" passaram a ser "mestres" da ferramenta: adquiriram toda a confiança que vem do fato de ter que... de alguma forma... ensinar a ferramenta a fazer alguma coisa. Adquiriram competências, isso sem dúvida, e até mesmo começaram a colaborar entre eles. Coisa que antes faziam muito menos, porque enquanto o caderno de um e de outro são duas "ilhas" e o fato que um olhe no caderno do outro torna-se quase uma ingerência – e eles colocavam os estojos em pé, de modo a não permitir ao outro copiar –, agora há plena colaboração! No sentido de que eles se conectam, se colocam em rede, fazem grupos de amigos, conversam on-line. De certa forma, caiu a conversa "Não me copie! Professora, ele está copiando de mim!" Essa palavra foi apagada do nosso vocabulário, porque eles ajudam uns aos outros. Eu mesma peço para eles se consultarem sobre o uso [do *laptop*]. Há uma criança que, por exemplo, desenvolveu mais habilidades do que seus pares e eles perguntam para ela, mas às vezes eu mesma pergunto para ela.

A análise das gravações dos grupos focais permite entender a percepção das crianças no que diz respeito à sua relação com o *laptop*, e a alteração ou não de suas competências. O resultado da pesquisa pode ser resumido em quatro categorias de afirmações: indicações, usos, descobertas e metarreflexões. As indicações foram a forma mais frequente de intervenção das crianças nos grupos focais. Elas compartilhavam espontaneamente seus conhecimentos com relação ao uso do programa, explicando aos outros participantes como realizar uma tarefa ou resolver um problema:

> Menina: Mas como você faz pra filmar?
>
> Menino: É, você tem que maximizar [a imagem], eu não tenho mais o negócio para maximizá-la e tenho que fazê-la pequena. E depois você tem que puxar aquele redondinho com um ponto. Mentira. Com isso, você faz as fotografias. Você tem que virar, ir para a frente, depois continuar a gravar e depois você puxa o botão e se faz o vídeo! (Grupo focal 3ª série).
>
> Menina: Depois, eu escrevi que Google é feio, pois não dá pra entender o inglês e, além disso, não funciona.

> Menino: Mas, se você não tem uma linha de internet perto de você, você não pode fazer isso, não está conectado! (Grupo focal 5ª série).

Às vezes, nos grupos focais, as crianças comentavam os usos específicos que faziam dos programas, com o intuito de compartilhar suas observações com os colegas. Em outros casos, sua atenção focava as descobertas pessoais, relacionadas a possibilidades que os colegas não conheciam e que logo viravam motivo de orgulho:

> Menino 1: Eu fui o primeiro que conseguiu fazer o céu todo estrelado!
>
> Menino 2: E eu fui o primeiro a achar os [instrumentos] de guerra! (Grupo focal 4ª série).

> Menino: Fico no chat, desenho, faço os *memory*, vou no Paint, às vezes, quando não entendo alguma coisa, vou no ponto de interrogação, que quer dizer "ajuda" e lá eles te dizem como você deve abrir todas as partes de XO. Mas eu não leio, só olho pra elas, porque estão em inglês (Grupo focal 5ª série).

Por fim, é interessante mencionar alguns casos de elaborações mais sofisticadas, verdadeiras metarreflexões sobre as mudanças que ocorreram com suas próprias capacidades ou sobre reações pessoais no uso do *laptop*:

> Menina: Eu juntei aqui algumas cores, que representam a criatividade com que eu trabalho no *laptop*. Colei do lado essas almofadas porque, quando trabalho no *laptop*, eu relaxo! (Grupo focal 5ª série).

> Menina: Essa imagem me lembra a atividade de desenho, aí eu posso fazer o que eu quero e gosto muitíssimo.
>
> Pesquisadora: Então, você queria ter desenhado essa sala aqui?
>
> Menina: Quando serei capaz! (Grupo focal 3ª série).

Etiópia: autoria e colaboração no centro da aprendizagem

Se olharmos para os aspectos positivos que os professores etíopes destacaram do projeto OLPC, o primeiro elemento mencionado nas entrevistas é a habilidade de uso por parte dos alunos:

> Eles aprendem mexendo em alguns botões, ficam interessados no que é novo para eles, portanto interessante, e aprendem de uma forma muito mais interessante do que nunca (Professora de 4ª série).

> Geralmente, os nossos alunos sabem mais que a gente, eles estão em outro nível quanto ao conhecimento [do *laptop*], têm habilidades para isso. Acho que esse é um aspecto positivo,

não vejo nenhum problema com isso. Mas, de fato: as crianças têm uma mente mais aberta e podem fazer coisas diferentes ao mesmo tempo (Professor de 6ª série).

Quase a metade dos entrevistados concordou que há uma forte correlação entre a implementação do projeto OLPC e a aquisição de conhecimentos de informática por parte dos seus alunos. Os 56% restantes fizeram referência a outros elementos que merecem ser mencionados, como o crescente interesse por parte das crianças, visível no aumento da iniciativa pessoal e no desejo de descoberta, o desenvolvimento de autonomia, mensurável através do reforço das capacidades de busca de conteúdo e colaboração, a fim de atingir um objetivo de pesquisa, e a melhora na aquisição de conteúdos disciplinares.

As observações confirmaram e deram força à fala dos professores. Ficou claro que as crianças etíopes utilizavam o *laptop* com espírito de descoberta e grande iniciativa, conseguindo desvendar muitas funções da ferramenta e criando produções de vários níveis de dificuldade, até a programação informática.

Vale lembrar que, na época da pesquisa, as crianças das três escolas pesquisadas na Etiópia não tinham acesso à internet. Contudo, em seus *laptops* encontravam-se os mais variados conteúdos, pois as crianças eram muito hábeis em salvar clipes de filmes, documentários e programas de TV, tirar fotos de cartazes e revistas, gravar músicas do rádio, para poder ouvi-las mais tarde. As imagens e faixas de áudio tinham para elas grande valor emocional porque representavam a "posse" de suas estrelas favoritas do esporte e da música, continham fotos de família, canções e até mesmo histórias populares de personagens socialmente negativos, cujos casos ficam para a comunidade como lembrança de maus exemplos.

A seguir, o depoimento de um menino da 3ª série:

> Eu vi isso na TV e gravei, é um ator, e aqui é o treinador do Arsenal, meu time. Depois... eu estava assistindo um filme e vi um carro bonito e gravei, e esse é o meu bairro, também gravei algumas coisas. Quando fico entediado eu assisto de novo, por isso que eu gravo (Grupo focal 3ª série).

Os participantes dos grupos focais disseram preferir ler e escrever a jogar, e expressaram um desejo forte de conhecer e aprender. Muitos declararam sua gratidão pela oportunidade de ter um computador, mas a maioria deles exigia ter maior quantidade de conteúdo em amárico carregado no *laptop* (quase todo o conteúdo era em inglês). As referências ao potencial do *laptop* em relação ao seu conhecimento e sua vida futura foram muito frequentes durante os grupos focais:

> Menina: Tem um monte de coisas que eu queria saber de história. Também as imagens que tem no *laptop*, deveria haver mais...
>
> Pesquisadora: Quais imagens você gostaria de ver?

Menina: Eu gosto de fotos de guerreiros, das batalhas, de história, coisas assim (Grupo focal 4ª série).

Menina: Essa última foto aqui é do primeiro-ministro. Eu colei ela aqui porque acho que não tem informação suficiente no *laptop* sobre a Etiópia... Eu gostaria de ter mais informação (Grupo focal 4ª série).

Menina: E aqui, essa foto que eu colei é de um prédio com muitas luzes. Usando esse *laptop*, eu vou ter um futuro brilhante, como esse prédio aqui. Eu poderia até fazer algo como esse prédio na minha vida! (Grupo focal 4ª série).

Muitas crianças referiram-se à escrita digital como uma das suas atividades lúdicas preferidas. Apesar da dificuldade de teclar os caracteres em amárico, meninos e meninas declararam gostar especialmente da liberdade de poder escrever textos – poemas próprios ou diários íntimos – só por prazer pessoal, sem uma tarefa didática preestabelecida. Em nenhum dos outros campos de pesquisa apareceu propensão tão forte por parte dos alunos à criação autoral e à experimentação de diferentes linguagens, misturando imagem, som, texto escrito e animação.

Brasil: crianças nas redes sociais e jogos on-line

As atividades que as crianças brasileiras disseram preferir são jogos on-line e bate-papo nas redes sociais Orkut, Facebook, Twitter, MSN, YouTube, Tumblr e MySpace. Ou seja, a possibilidade mais interessante do *laptop* é, sem dúvida, sua conectividade. Esse dado é curioso em lugares como a Bahia, onde a conexão à internet ainda é muito precária, quando não inexistente:

Menina: Felicidade, eu botei que ajuda a pessoa a ser alegre, quando você tá triste é só ir no YouTube ver um vídeo engraçado e com isso você fica alegre. O futuro, eu botei que ajuda a escolher um futuro melhor, porque tem coisas que a gente não sabe, a gente pode pesquisar na internet, a gente vai até conseguir, daí a gente vai procurando, procurando até conseguir e ajuda no futuro e na carreira (Grupo focal 6ª série).

Menina: Eu botei um monte de pessoa no carnaval.
Pesquisadora: Por quê? Por que você colou essa imagem?
Menina: Porque traz conhecimento.
Pesquisadora: Por que você acha que o *laptop* traz conhecimento?
Menina: Porque a gente pesquisa coisas na internet (Grupo focal 6ª série).

> Menino: A gente gosta muito do Uquinha, eu mesmo lá em casa, se me tirar da minha pesquisa, eu faço um escândalo! (Grupo focal 4ª série).

> Menina: É que não tem internet, porque com internet a gente aprenderia muito mais, poderia fazer mais pesquisas para depois falar para nossos professores. É que a gente aprende muitas coisas no UCA (Grupo focal 5ª série).

Outro dado muito interessante nos depoimentos das crianças é a associação das atividades da internet com aspectos negativos. No caso de alunos mais velhos e com disponibilidade de conexão à internet, são mencionadas a dispersão e a distração causadas pelo *laptop*. Por outro lado, no caso de crianças sem muita experiência de navegação na internet, por serem mais novas e/ou de origem mais humilde, as práticas de comunicação e jogos on-line são vistos com medo, o que talvez seja uma projeção de outras preocupações que a criança vive em seu contexto social. Procurando uma resposta à nossa primeira hipótese, notamos que em ambos os casos as práticas de comunicação das crianças levam a uma autorreflexão interessante.

> Menino: Eu botei um monte de mensagens, significa comunidade, do lado negativo [a colagem era dividida em duas partes: aspectos positivos e negativos], porque essa coisa está estragando os estudos, muita gente não presta atenção nas aulas, um bando de viciados no Tumblr, as pessoas aqui que estão presentes.
> Pesquisadora: E você não usa as redes sociais?
> Menino: Eu não, eu deixo em casa, o computador da escola eu deixo em casa, só pra fazer trabalho.
> Pesquisadora: Você já usou pra rede social?
> Menino: Já, ano passado eu era o maior viciado, aí por isso que eu rodei, sabe? Na oitava série estou a segunda vez, tenho duas camisas de formados.
> Pesquisadora: Você já foi reprovado, então você não usa mais as redes sociais, é isso?
> Menino: Não uso mais porque me prejudicou (Grupo focal 8ª série).

> Menina: Tem coisas que criança não pode ver. [...] Eles veem o que a gente fica vendo, o que a gente tá fazendo, eles sabem onde a gente tá mexendo.
> Pesquisadora: Os professores?
> Menina: Não. Umas outras pessoas de Brasília (Grupo focal 6ª série).

> Menino: Tem jogo privado, que só joga se tu tiver a senha de uma conta, daí as pessoas vão, querem saber da onde tu é pra te conhecer. [...] Esses chats com jogos são perigosos, às vezes as pessoas vão, querem te conhecer, vamos supor, te chamar pra jogar e querem te conhecer uma hora, e é perigoso.
> Pesquisadora: Isso aconteceu com você?
> Menino: Não (Grupo focal 8ª série).

Em nosso entendimento, o que está faltando nos contextos escolares pesquisados é uma regulação do uso do UCA pelos professores e coordenadores pedagógicos. Os alunos chegam à conclusão de que é preciso se autocontrolar com os jogos e os bate-papo on-line, pois experimentam em si mesmos as consequências negativas do vício. Nessa autodelimitação de regras, reconhecemos a falta da mediação de um professor.

Um último elemento a ser mencionado é a capacidade das crianças de reconhecerem que aprendem com o *laptop*. Em alguns casos, aprendizagem e inclusão social são apresentados como aspectos entrelaçados:

> Menina: Eles estão aprendendo mais usando o UCA.
> Pesquisadora: Você acha que aprende mais no UCA? Por quê?
> Menina: Sim, porque com o jogo de matemática você se diverte e pode aprender mais.
> Pesquisadora: Você acha que quando joga está aprendendo também?
> Menina: Sim, tô aprendendo também (Grupo focal 5ª série).

> Menino: Ele [o UCA] pode tirar as crianças da rua, das drogas e de outras coisas [...].
> Pesquisadora: Por que você acha que pode tirar as crianças das ruas?
> Menino: Porque é educativo, ele ensina os meninos, por exemplo, a matemática, tem pessoa que tem dificuldade, é a pior matéria a matemática, aí se tem dificuldade o Uquinha ajuda [...].
> Menina: Eu gosto de escrever no UCA porque, quando acaba o caderno, nossa mãe joga fora e no UCA, não, vai ficar aqui, vai ficar salvado e a gente pode depois relembrar e estudar pra prova (Grupo focal 5ª série).

Ao contrário do que foi colocado pelos alunos, muitos dos professores entrevistados não reconhecem um processo de aprendizagem nas atividades das crianças. As únicas mudanças que os professores vislumbram são as de caráter técnico e informático. Em alguns casos, também falam em aprendizagem, mas sem delimitar ou definir mais aprofundadamente o que seja "aprender".

> Aprendizagem... mas não deixa de ser, né? Aprender a se divertir, a buscar fontes de lazer... eu acho que isso também é apren-

dizagem. Eles têm algum progresso nisso. Mas, na aprendizagem, assim, de conteúdos, não! (Professora de 5ª série).

Em cima de tudo eu acho que, para a gente utilizar melhor ainda o UCA, e realmente fazer esse aprendizado da criança, é a questão do comportamento deles. A questão da disciplina, falta de interesse. Mas aprender, eles aprendem, aprendem rápido. [...] Eu aprendo junto com eles também, e eles me ensinam muitas coisas, porque tem uma galera aí que para a área da informática tá com muito mais potencial do que a gente mesmo, porque a geração da gente era outra. [...] Eles aprendem. Eu acho que tudo o que a gente vê, alguma coisa fica (Professora de 6ª série).

Poucas, mas significativas, entrevistas destacaram a importância da integração das atividades on-line dos alunos no cotidiano escolar, na direção do que definimos como letramento digital.

Eu acho que a internet hoje é a nossa vida! Tudo o que a gente está querendo saber, vai consultar a internet. Então, na sala de aula, não pode ser diferente. A gente tem que trazer a internet no quotidiano da escola. Dentro da sala de aula, temos que trabalhar o nosso quotidiano! [...] Tem que admitir que a gente está ensinando e aprendendo ao mesmo tempo. A gente aprende muita coisa aqui no dia a dia, a gente percebe (Professor de 3ª série).

Concluímos essa primeira análise respondendo, muito parcialmente, à primeira hipótese da pesquisa.

Na Itália foi detectado um bom potencial para o desenvolvimento de um ambiente colaborativo nas salas em que foram experimentadas algumas atividades didáticas mais complexas com o uso do *laptop*. As crianças desse contexto desenvolveram habilidades de resolução de problemas e de autonomia na busca de procedimentos inovadores.

Na Etiópia, as crianças demonstraram saber ajudar-se mutuamente, trabalhando em duplas, muitas vezes, ou em pequenos grupos, para resolver um problema, de forma absolutamente disciplinada. Elas alcançaram, sobretudo, as habilidades de compartilhamento entre pares e de produção autoral.

No Brasil, as habilidades detectadas não fazem parte de nenhuma das categorias previstas pela hipótese. Elas têm mais a ver com a capacidade de se autorregulamentar, para aproveitar as possibilidades de aprendizagem ofertadas pela internet, mais do que as atividades lúdicas.

No que se segue, vamos expor a relação entre esses primeiros dados de pesquisa e a *motivação* para aprender.

3.3.2 A influência da tecnologia na motivação para aprender

A segunda hipótese que guia a pesquisa é que a motivação influencia de maneira substancial o desenvolvimento de novas habilidades. Algumas perguntas de partida nortearam a pesquisa nessa direção. Em primeiro lugar, assumindo que exista uma relação entre motivação e prazer, quais atividades e quais características do *laptop* dão maior prazer às crianças? Em segundo lugar, as habilidades desenvolvidas pelas crianças e relevadas em cada campo de pesquisa despertam, por sua vez, novas motivações intrínsecas e novas habilidades? A Figura 10 representa o raciocínio que guiou a análise de dados.

Figura 10 Perguntas que nortearam a análise de dados com respeito à relação habilidades/motivação.

Itália: a inclusão digital de crianças desfavorecidas

No campo italiano, a maioria das crianças declarou ter encontrado muitos problemas com o XO, devido à lentidão, à dificuldade de usar certos programas, à pouca memória do computador e aos frequentes problemas técnicos. No entanto, muitas características do *laptop* foram consideradas negativas somente em comparação com outras tecnologias já presentes na casa das crianças, e – surpreendentemente – as dificuldades para utilizar o *laptop* não afetaram a sua avaliação final, de modo geral, positiva. "Eu gosto que você pode nomear o seu *laptop*", "No meu de casa não tem jogos e chat, aqui sim! Você pode conversar", "Quando você abaixa a tela assim, ele não fica todo escuro, a imagem fica aí", "Ele é portátil e o de minha casa é fixo, você não o pode levar aonde você quiser". Essas são algumas das falas das crianças. Ou seja, nem pelas possibilidades que ele oferece nem pelos seus limites o XO foi percebido como um computador qualquer. Muito pelo contrário, muitas delas declaram que viam o *laptop* como uma ferramenta feita especificamente para elas.

Dentre as atividades oferecidas pelo *laptop*, as crianças preferiram aquelas relacionadas à imagem, tais como o desenho, a gravação de material audiovisual e a "navegação" nas imagens do XO[39]. A escrita digital só foi percebida como difícil pelas crianças mais novas, e abriu espaços interessantes de criatividade e originalidade no uso.

Mas o que mais chama a atenção é a presença de grande motivação, sobretudo para as crianças dos grupos mais vulneráveis: crianças com deficiência, com dificuldades de aprendizagem ou filhas de imigrantes. Como explica uma professora da 4ª série:

> Desde o início [do projeto] eu já vi que esta máquina é *muito* positiva para as crianças carentes. Com certeza... com certeza eles a vivem... quer dizer, se você conseguir motivá-los, falando que eles vão se tornar mestres dos outros, você vê que a autoestima deles aumenta porque, se eles tiverem sucesso aqui, eles aprendem. [...] É uma turma um pouco especial, primeiro porque temos uma mistura de culturas e civilizações notável. E eu vi que [o *laptop*] melhorou as relações entre as crianças, definitivamente. Porque são crianças que, não sei como dizer... eram relativamente marginalizadas. Crianças que, ao contrário, com este computador são muito habilidosas, por isso os coleguinhas as chamam agora, para pedir ajuda, para que sejam seus mestres...

Outro dado interessante é que algumas crianças usavam o XO também em casa, com seus irmãos[40]. As filmagens e as fotos realizadas lá eram mostradas aos colegas de turma e aos professores, que algumas vezes as utilizaram inclusive em atividades didáticas. Dessa forma, o mundo particular da criança começou a ser socializado em sala de aula, aumentando as possibilidades de conhecer mais aprofundadamente os colegas, sobretudo estrangeiros. Às vezes, o país de origem é mencionado nos grupos focais até mesmo com certo orgulho:

> Menina: No Gcompris eu fui aí, no primeiro [botão], e escolhi os exercícios de matemática, lá tem todos os números e você precisa mover eles, é muito legal. No meu país, esse jogo se vende bastante porque pra eles é um jogo muito interessante.
> Pesquisadora: Qual é teu país?
> Menina: Ucrânia. Amanhã, se vocês quiserem, eu trago o jogo, pra vocês verem como é (Grupo focal 3ª série).

---

39. O *laptop* da OLPC, chamado XO, tem um recurso do Google off-line em que há conteúdos e imagens que podem ser navegados ou importados em outros arquivos. Mesmo que algumas das crianças participantes dos grupos focais não tenham conexão à internet, muitas vezes elas se referem à "navegação" falando dessa atividade.

40. No campo italiano, foi distribuído um questionário aos pais, para coleta de dados complementares. Os resultados mostram que o *laptop* foi acolhido pelas famílias com interesse, quando não com entusiasmo (dado agregado de 85% das respostas). Em família, são principalmente os irmãos os que fizeram uso do *laptop* (53%). As atividades preferidas se distribuem entre *videogames*, escrita, atividades de desenho e gravação audiovisual. Um terço dos pais também afirmou ter usado o *laptop* pessoalmente ou ao menos ter explorado seus recursos.

Outra atividade que incidiu bastante na troca e colaboração entre colegas é o chat. Quando o professor permitia que se utilizasse em sala, geralmente nos momentos livres ou lúdicos, ele representou uma definitiva evolução nas relações entre colegas. Os depoimentos das crianças são eloquentes:

> Menino: Eu gosto do chat porque você não precisa levantar e ir para a tua amiga: você, do seu lugar, pode "chatear" sem se levantar (Grupo focal 4ª série).

> Menina: Eu fiz isso [usar o chat] com todas as pessoas, porque assim... é uma forma de conhecer melhor pessoas que antes você não conhecia.
> Pesquisadora: É isso que aconteceu com você e seus colegas?
> Menina: Sim, com ela [*indica outra menina*], porque agora a gente é amiga! (Grupo focal 4ª série).

Em suma, os fatores de motivação não parecem estar concentrados só no aspecto lúdico. Incidiram na motivação outros indicadores bem mais complexos, como a valorização dos momentos de comunicação entre os alunos e o reforço positivo derivado do reconhecimento público das capacidades do estudante. O fato de ser *expert* em uma função do XO tornava a criança objeto da atenção e admiração dos outros, que pediam a sua ajuda, aumentando a autoestima dela.

As capacidades de gerenciamento do computador aumentaram a colaboração entre pares, por dois motivos principais. Por um lado, a criança experimentava a responsabilidade de ter em suas mãos um instrumento delicado que, não obstante, por ser pessoal, podia ser usado livremente. Por outro lado, testando novas funções/atividades, a criança fazia descobertas e crescia em segurança e autovaloração, a ponto de se oferecer para ajudar os colegas menos capazes[41].

Etiópia: motivação intrínseca e redes no contexto extraescolar

Na Etiópia, também, a maioria dos participantes dos grupos focais mencionou como primeira grande área de interesse o uso de imagens, sejam descarregadas, sejam produzidas.

Nas observações, verificou-se que o programa de gravação de imagens foi explorado de forma totalmente inovadora pelas crianças etíopes: o XO era para elas gravador de vídeo, câmera, leitor de música, tudo ao mesmo tempo. Assim, as habilidades desenvolvidas no primeiro ano do projeto OLPC são prova de uso

---

41. Esses resultados correspondem, em grande parte, aos obtidos a partir dos questionários para os pais, que têm notado aumento na curiosidade das crianças (36%), aumento na motivação para executar as tarefas em casa e melhora na abordagem do estudo em geral (26%) ou mesmo uma verdadeira mudança na escola (21%). As justificativas desta última categoria de respostas focalizam-se, variavelmente, nas dinâmicas colaborativas na sala de aula ou na identificação de mudanças positivas no ensino e nas novas abordagens do professor. Finalmente, sinalizamos que 20% dos pais afirmaram que possuir um computador pessoal representa para a criança um estímulo eficaz para desenvolver a responsabilidade, por meio do cuidado de um objeto considerado precioso.

individual e social do *laptop* altamente motivado, na escola e em casa. Nesse contexto, os problemas técnicos de XO passaram a ser absolutamente secundários e irrelevantes. Vejamos os depoimentos de duas crianças:

> Pesquisadora: Que mais tem na tua colagem?
>
> Menina: Eu escrevi "endereço"… quer dizer que eu queria mandar uns comentários aos doadores do *laptop*... Por que não temos o endereço deles?
>
> Pesquisadora: E que comentários você queria mandar?
>
> Menina: É que alguns têm o Aliki, outros não têm…
>
> Pesquisadora: E você não tem?
>
> Menina: Não, e eu queria muito.
>
> Pesquisadora: Onde você viu esse programa?
>
> Menina: Dos meus amigos.
>
> Pesquisadora: E o que é que você gosta dele?
>
> Menina: É um livro!
>
> Pesquisadora: Mas você não tem os livros de texto já no seu *laptop*?
>
> Menina: Aliki é diferente, você pode escrever nele, você vê as fotos... eu queria ter imagens legais... e histórias como as que eu vejo na TV.
>
> Pesquisadora: Que histórias são essas?
>
> Menina: Sobre a história… Eu gosto de história (Grupo focal 5ª série).

> Menino: Esses são estudantes de outra época, como eles eram antes, eu vi eles assim no meu computador. Estudantes do passado. Tem muita coisa para a sociedade no meu computador. Eu fico feliz de ver elas no meu computador, porque esse é conhecimento. Eu fico conhecendo coisas que eu não sabia antes (Grupo focal 6ª série).

> Pesquisadora: Tem alguma coisa que você não gosta no *laptop*?
>
> Menino: Sim, os joguinhos...
>
> Pesquisadora: Ah sim? E por quê?
>
> Menino: Porque eu prefiro estudar que jogar joguinho! (Grupo focal 3ª série).

Como no primeiro campo de pesquisa, aqui também confirmamos a hipótese de que o desenvolvimento de habilidades está associado a uma motivação ulterior.

Pode-se explicar o incremento de motivação de duas maneiras. Por um lado, o reconhecimento público das habilidades de uma criança durante as aulas estimula a concentração, a atenção, e incentiva a abandonar as atividades lúdicas que não se relacionem com a aula ministrada pelo professor. Em um contexto escolar em que a relação professor-aluno é tão fortemente hierarquizada, como na Etiópia, a expressão pública de um elogio da criança pelo docente representa motivo de honra, capaz de exercer enorme influência sobre a autoestima do aluno.

Por outro lado, o compartilhamento das atividades lúdicas e de trabalho com a rede social de amigos e irmãos também demonstrou impulsionar a motivação das crianças. Em relação a esse ponto, cabe destacar que 25% das crianças declararam espontaneamente nos grupos focais fazer uso compartilhado de seu *laptop* com os familiares, para fins de documentação, arquivamento de dados e divertimento.

Entre as atividades lúdicas mencionadas encontra-se também o compartilhamento de fotos e documentos utilizando a rede de comunicação disponibilizada pelo *laptop* (a Rede Mesh) e a função de chat. Nos depoimentos das crianças e nas observações, foi possível entender que elas pensavam que "os seus amigos estavam no computador", através da rede compartilhada. Por essa razão, na sala de aula os alunos controlavam frequentemente a página "vizinhos", que permite saber quem ligou o computador na sala de aula, sem se virar nem chamar a atenção do professor.

Sem dúvida, a aquisição de novas competências criou um novo interesse por parte das crianças, já muito motivadas a usarem o *laptop*. Os professores que foram capazes de reconhecer o potencial inovador do projeto OLPC têm reforçado bastante essas novas habilidades, usando a ferramenta para fins educativos sempre que não causem problemas disciplinares. Mas esses docentes representam uma minoria. Em geral, os professores não se apaixonaram pela tecnologia tanto quanto os alunos e não mudaram suas práticas pedagógicas em prol do uso do *laptop*. Assim, as atividades dos estudantes ficaram circunscritas, sobretudo, ao espaço e tempo extraescolar ou ao menos extradidático. Nos corredores, nos pátios, durante o recreio ou na ausência do professor, as crianças estavam sempre com seus *laptops*, trabalhando juntas, lendo juntas, jogando juntas. Contudo, na hora da aula, muitas vezes os professores mandavam as crianças fechar seus *laptops*, considerando-os brinquedos, e não ferramentas de trabalho.

Há entre os entrevistados quem admita isso:

> O problema não está com as crianças, o problema é conosco, os professores. Porque muitas vezes nós não temos o *know-how*, não sabemos como utilizar o *laptop* eficazmente. A maioria dos professores ensina aqui o tempo todo, em horário integral, e no final estão muito cansados, como acontece comigo. Então... na maioria das vezes, só utilizamos o livro, não usamos isso [*indica o laptop*]. Assim, quando você pede para as crianças pegarem o *laptop* para trabalhar, muitas vezes elas estão lá na sua frente, jogando joguinho ou gravando algo, ao invés de ler, como você pediu (Professor de 5ª série).

> Se os professores percebessem o potencial do *laptop*, as crianças fariam mais perguntas. Eu não consigo ver a vantagem [do *laptop*] para as crianças se os professores não o utilizarem (Professora de 4ª série).

Mais uma vez, confirma-se a responsabilidade do professor de canalizar a motivação do aluno e aproveitar seu interesse por um assunto para trabalhar em linha com os objetivos didáticos.

Brasil: frustração e desmotivação entre crianças e professores

Diferentemente da pesquisa na Itália e na Etiópia, o estudo de caso nas quatro escolas brasileiras foi realizado no segundo ano após o início do Projeto UCA, o que representa uma diferença substancial, pois o número de máquinas quebradas, sem carregador ou com algum problema técnico era já muito grande. Em 2012, a proposta do projeto Um Computador por Aluno era já impossível de se manter, sendo que a pesquisa detectou que quase um terço dos *laptops* das escolas era inutilizável.

Apontamos esse aspecto porque, em muitas das falas das crianças, emergiu certa frustração devido à falta de manutenção dos equipamentos e à consequente impossibilidade de utilizar os *laptops*, apesar de o desejarem. Depoimentos como estes sintetizam a percepção de muitos dos alunos diante do problema:

> Menina: [Desenhei] um velhinho andando de bengala com a perna quebrada.
> Pesquisadora: Por quê?
> Menina: Porque a internet é muito lenta.
> Pesquisadora: E a segunda imagem é o quê?
> Menina: É um caminhão carregando um carro quebrado.
> Pesquisadora: Por quê?
> Menina: Porque o computador estraga muito rápido (Grupo focal 6ª série).
>
> Menino: Eu gosto mais ou menos [do UCA]... assim, mais é bom, é bom.
> Pesquisadora: Quando chegou, você gostava mais?
> Menino: Quando chegou, a gente ficou achando que era um *laptop* desse aqui mesmo, da Windows e é da CCE. Pode falar a nota do computador? 1,5!
> Pesquisadora: Uma nota bem baixa.
> Menino: Muito baixa, uso porque não tem nada pra fazer (Grupo focal 7ª série).

Por outro lado, a desmotivação foi detectada também entre os professores. As causas apresentadas são de duas ordens: uma parte dos entrevistados afirma que com o UCA a dispersão em sala de aula é muito grande e que os alunos não estão interessados em ouvir o professor; a outra parte dos entrevistados destaca a falta de formação e de apoio por parte das instituições. A seguir apresentamos um depoimento de cada categoria, a título de exemplo.

> Eu acho que o prejuízo, o problema do UCA não é o UCA em si, porque é um computador, é mídia, para que você tenha essas opções, essa liberdade de acessar... Mas precisaria pessoas conscientes. "Não, agora é a hora de eu estudar." Isso não acontece. Não está acontecendo com os cursos superiores, como é que vai acontecer com crianças que não tinham computador e levam ele pra casa? Então imagina a novidade! Quando podem abrir o UCA, é uma festa para eles! "Podemos abrir o UCA? Podemos?" [...] Mas é um trabalho você dar aula. É muito difícil mesmo. Então, não dá para dizer se é ruim ou é bom, porque não tem a ver com o UCA, está nas pessoas (Professora de 5ª série).

> Tem esta fragilidade, que eu não acredito que seja da escola, porque criou-se um horário, criou-se o programa de monitoria, buscou-se solução para o carregamento das máquinas, e como é que ainda não funciona 100%? [...] São barreiras que são colocadas no processo que acredito que são desnecessárias. [...] Eu fico feliz de ter esta experiência porque parece que, quando as coisas entram na educação, todo mundo diz: não vai funcionar. E eu sou o movimento completamente contrário. Caiu aqui nesta escola, tem que funcionar mesmo, porque senão a gente não vai caminhar. Vai ficar eternamente colecionando estatística ruim, alto índice de analfabetismo, e achar que isto está normal. E não é normal! [...] Agora, eu fui sempre muito combativa em relação à internet. Estão todos lá, fazendo a sua pesquisa, e a gente está aqui aflita por esta questão. A gente não pode mexer com eletricidade! E eu não posso trazer a conexão à internet! Então, se querem que a gente trabalhe, deem um mínimo de condições à gente (Professora de 3ª série).

Destacamos que, na maioria dos casos analisados, o UCA chegou às escolas sem ter sido antecipado por uma análise das necessidades e sem consultar de antemão os professores com respeito ao uso que podia ser feito da nova ferramenta. Essa falta de participação das instituições escolares na decisão e gestão política do projeto gerou dificuldades evitáveis em alguns casos, que levaram os professores a perder gradualmente a motivação. Voltaremos a enfrentar essas questões na parte final deste capítulo.

3.3.3 A atitude do professor e seu "estilo motivacional"

A terceira e última hipótese da pesquisa aborda a importância da reação do professor à nova tecnologia. Os resultados apontam para dois elementos de diferenciação de cada situação observada: (1) a metodologia utilizada pelo professor em suas atividades em sala de aula e (2) o contexto de aprendizagem.

1) A metodologia do professor

A proposta OLPC/UCA fundamenta-se nos modelos de ensino-aprendizagem do tipo construtivista. Eles pressupõem a adoção de um método maiêutico, em que o docente cumpre a função de mediar a vontade de descoberta das crianças. A observação dos três campos de pesquisa constatou a presença de quatro metodologias de ensino-aprendizagem:

a) Metodologia tradicional
O *laptop* é utilizado como suporte de uma aula expositiva, principalmente para atividades de leitura, em substituição do livro-texto. A metodologia do professor parece ser a mesma, com ou sem a presença de tecnologia.

b) Experimentação limitada
Os alunos são chamados a escrever no quadro e estimulados a descobrir as funções do *laptop* seguindo as indicações do professor, que, no entanto, continua sendo o detentor do saber. Registram-se dois limites frequentes nas atividades: o docente não sabe como proceder; os potenciais da tecnologia não são plenamente aproveitados.

c) Experimentação guiada
O professor encoraja os alunos a direcionarem o seu desejo de descoberta para a realização de atividades com objetivo didático, mostrando curiosidade e interesse pelas conquistas pessoais dos alunos. Há uma clara tentativa de integrar os programas disponibilizados pelo *laptop* nos conteúdos disciplinares. As crianças são autorizadas a levantar-se, ajudar-se mutuamente e colaborar, o que comporta certa dificuldade de gerir a sala de aula.

d) Experimentação livre
Os alunos possuem plena liberdade de criar os seus próprios caminhos para descobrir as funções do *laptop*, sem seguir objetivos didáticos explícitos. O professor aprende junto com eles, compartilhando cada novidade. Há pouca ou nula integração do *laptop* nos conteúdos disciplinares, o que faz com que os alunos encarem a tecnologia principalmente como objeto lúdico.

Mesmo que em diferentes graus, na maioria dos casos a atitude do professor mudou ao longo do período de observação, revelando mais abertura para as novas experiências educacionais com o *laptop* e maior capacidade de intercambiar saberes com as crianças. Essa inegável abertura teve consequências positivas no desenvolvimento de habilidades e na motivação dos alunos, a qual claramente aumentou. Nos casos em que o professor atingiu uma abordagem mais estável de *exploração guiada*, em que o aluno fica no centro do processo de aprendizagem e o professor adota o papel de mediador, os resultados foram ainda mais evidentes.

Os professores que mais frequentemente utilizaram um *método tradicional* são os mesmos que nas entrevistas referiram-se às dificuldades de gerir a turma durante as atividades com o *laptop* e os mesmos que acabaram desistindo do projeto. A seguir oferecemos um depoimento de cada campo:

> [O projeto] para a gente foi meio que um "aborto"... No sentido que paramos mesmo de usar o *laptop*. [...] A gente era tão entusiasta no começo! Eu sou aberta a essas coisas, sabe? Gosto de experimentar... Até levei ele comigo nas férias de Natal! À noite ligava ele para ver como funciona. Mas no fim das contas... você pode até pensar na sua metodologia personalizada, mas isso requer muito tempo. Sim, acho que a falta de tempo foi a nossa dificuldade principal (Professora de 3ª série, Itália).

> Em muitos casos, durante a minha aula, [o *laptop*] atrapalha... pois eles estão mais interessados em jogos e no bate-papo um com o outro, em enviar mensagens... Isso me incomoda muito, nos incomoda muito. No tempo da aula, você não quer que eles discutam coisas... Você quer que eles ouçam o professor! [...] Agora, a primeira coisa que eu faço quando entro em sala, eu peço para eles desligarem o *laptop* (Professor de 5ª série, Etiópia).

> E de repente estão lá no YouTube quando você tá ensinando uma coisa completamente diferente... para diversão, para piada, para rir, para estar conversando das coisas deles. Isso vai acontecer igualmente. Então, como eles não vão ter controle, eles simplesmente não usam! [...] A ferramenta é ótima. Eu acho o Google a grande biblioteca mundial. Mas não é o Google que vai te dar a informação, é através do Google que você vai chegar no site que você quer. Aí, você precisa se concentrar para fazer o quê? Uma leitura, uma seleção. [...] Eu vejo que funciona para alguns, mas quando a criança gosta de aprender ela aprenderia igual com um texto, um livro, um bom filme (Professora auxiliar, Brasil).

Quase todos os professores entrevistados disseram que as crianças se tornaram mais hábeis do que eles mesmos e foram bem-sucedidas em atividades muito complexas. De afirmações como essas, e de outras realizadas posteriormente, pode-se deduzir que os professores foram adotando uma atitude de maior "abertura". Alguns declararam sua firme crença na autonomia das crianças e o desejo de troca mútua; outros manifestaram a necessidade de reafirmar seus papéis, mostrando preocupação pelo exercício da docência; ainda outros mostraram visível admiração pelo que as crianças eram capazes de fazer, mas de maneira implícita, por medo, acreditamos, de perder sua autoridade.

Por outro lado, foi possível observar que, quanto mais a cultura da escola e do sistema de ensino é centrada na transferência unilateral de conhecimento, qualquer reconhecimento público das capacidades das crianças tem grande impacto sobre a motivação, a atenção e a concentração das mesmas, e propicia imediatamente o abandono das atividades lúdicas que são irrelevantes para a aula. Esse reforço da motivação extrínseca normalmente deu-se nos professores que adotavam uma metodologia interativa ou de *experimentação limitada*. Estes foram, por sua vez, os mesmos que não conseguiram obter dos alunos uma utilização mais disciplinada do *laptop*.

Durante a análise de dados, tentando chegar a uma definição das diferentes metodologias de ensino-aprendizagem aplicadas, evidenciou-se que existe uma relação entre as metodologias e os níveis de atenção, motivação e participação dos alunos – relação que os professores frequentemente articularam em termos de presença/ausência de disciplina. Interpretamos esse elemento pautados na afirmação de Davydov (1982) segundo a qual a atenção é um mecanismo de controle que funciona no processo de conscientização do sujeito e está relacionada com a vontade. A partir dessa relação, notamos que as metodologias de ensino observadas correspondem a quatro "estilos de motivação", com resultados muito parecidos com os que encontramos na literatura (cf. cap. 2).

Assim, as metodologias encontradas nos três campos de pesquisa, postas em relação com o nível de atenção/participação dos alunos em sala, podem ser articuladas em um *continuum*. A Figura 11 é uma tentativa de representar graficamente essas relações.

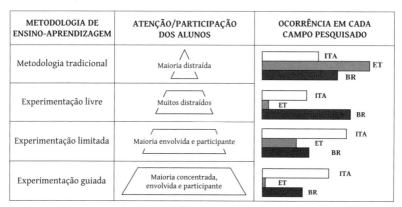

Figura 11 Metodologias de ensino e sua relação com a atenção/participação do aluno (PISCHETOLA, 2014).

A *metodologia tradicional* foi observada, sobretudo, na Etiópia; a *experimentação limitada*, na Itália; e a *experimentação livre*, no Brasil. Contudo, as oportunidades de presenciarmos aulas de *experimentação guiada* foram raras.

2) O contexto de aprendizagem

Como foi ressaltado no capítulo 2, o estilo motivacional do professor é também influenciado por fatores sociocontextuais. Alguns elementos comuns aos três campos de pesquisa permitem-nos esboçar algumas conclusões a esse respeito.

Em primeiro lugar, as atividades com o *laptop* bem-sucedidas foram aquelas baseadas em uma *organização desestruturada do espaço*, em que era permitido às crianças mover-se para pedir/oferecer ajuda (o que, evidentemente, é mais difícil de se conseguir com turmas muito numerosas e/ou salas com espaço reduzido).

Em segundo lugar, a relação do professor com os alunos e dos alunos entre si, que existia antes do projeto, teve grande influência no uso cotidiano da tecnologia. As situações que podemos considerar mais profícuas foram aquelas em que se deu destaque à *valorização intercultural* das gerações, das culturas e das diferentes nacionalidades que convivem na sala de aula. Elas permitiram avançar também na inclusão digital/social de crianças com deficiência.

Outro aspecto transversal aos três estudos é o nível de entusiasmo que demonstraram as crianças menores, do primeiro segmento da escola fundamental, muito maior em comparação com alunos do segundo segmento. Talvez isso se explique pela limitação das funções da máquina, que as crianças da 6ª à 8ª série destacaram durante os grupos focais.

O último elemento a ser mencionado é o da suposta "contaminação" do ambiente escolar pela tecnologia. Embora em alguns casos, principalmente na Etiópia e no Brasil, a ferramenta não fosse aceita pelos professores em sala de aula, as crianças continuaram a utilizar o *laptop* para fins lúdicos ou durante o recreio. Essa insistência, aparentemente negativa, teve consequências positivas, pois esses alunos adquiriram habilidades que, em um segundo momento, foram reconhecidas e valorizadas pelos docentes, impulsionando o uso do *laptop* com fins didáticos. Explicitaremos melhor a leitura que estamos propondo dessas situações durante a conclusão deste livro.

3.3.4 *Resultados transversais aos três estudos*

Apesar das diferenças sociais, políticas e culturais dos contextos pesquisados, os resultados da nossa investigação deixam ver alguns elementos comuns entre as três realidades.

Entre os aspectos positivos do projeto OLPC/UCA, os professores entrevistados dão destaque especial às possibilidades didáticas que a ferramenta oferece e à capacidade que ela possui de aumentar a motivação dos alunos, a qual cresceu após a chegada do *laptop* nas escolas. Contudo, os próprios docentes muitas vezes não souberam explicar em que consistem, concretamente, essas possibilidades didáticas e reconheceram que não tinham sido capazes de experimentar o suficiente com a nova ferramenta. Outro elemento positivo mencionado pelos docentes é o fato de que a chegada do *laptop* teria providenciado maior "inclusão digital", a qual entenderam, na maioria das vezes, como o acesso físico à tecnologia por parte de crianças de origem humilde e, em alguns casos, como inclusão social. Por último, os professores destacaram o aumento da produtividade e da autonomia dos alunos em favor de uma notável melhoria nos processos de aprendizagem. A tecnologia é vista, assim, mais como uma "ferramenta" do que como uma "cultura", embora os professores manifestem a pressão que sentem por parte das "mudanças em curso", as quais, segundo eles, não permitem "voltar atrás".

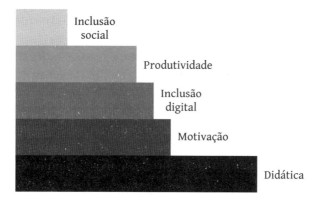

Figura 12 Aspectos positivos do projeto OLPC/UCA segundo os professores entrevistados.

Por outro lado, a pesquisa empírica revela diversos aspectos negativos do projeto OLPC/UCA, que se fazem visíveis na prática em sala de aula e que os próprios professores mencionaram nos seus relatos. Além das evidentes limitações da máquina, cujo hardware quebra facilmente e cujo software depende de manutenção técnica frequente, estão os problemas de caráter didático, como a dispersão que o *laptop* gera na sala de aula e as dificuldades de relacionamento entre professores e alunos, que o uso da ferramenta suscita. Desse modo, do lado das possibilidades que o computador (em teoria) oferece à didática erguem-se as dificuldades (práticas) que os professores enfrentam na hora de gerir a sala de aula. Em outras palavras, reconhece-se teoricamente a importância da tecnologia no mundo contemporâneo, mas, na prática cotidiana, muitos docentes confessam que um *laptop* por aluno atrapalha.

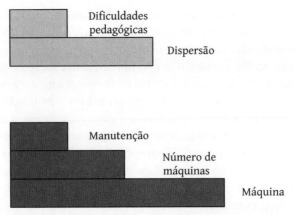

Figura 13 Aspectos negativos do projeto UCA segundo os professores entrevistados.

Assim, os resultados da pesquisa mostram que, se a introdução de uma nova ferramenta tecnológica no ensino representa, na fala dos professores, a oportunidade de rever as crenças no campo educacional, na prática ela gera insegurança e muitas vezes rejeição. Entende-se, ainda, que essa atitude pode facilmente prevalecer, frustrando a inovação didática e, em última instância, fortalecendo os hábitos de ensino tradicionais já estabelecidos. Evidencia-se, assim, a dificuldade de o *laptop* se tornar uma ferramenta capaz de contribuir para o processo de ensinar e de aprender os conhecimentos presentes dentro do currículo escolar. Em outras palavras, evidenciam-se as dificuldades que a tecnologia apresenta para chegar a se configurar como um espaço de interação e de mediação entre aluno e professor.

Por isso, não surpreende que a necessidade de uma formação continuada tenha sido destacada pela grande maioria dos professores entrevistados e tenha aparecido com mais força ainda nos casos em que prevalecem as práticas de ensino tradicional e com limitada predisposição à mudança. O que fica claro é que, onde houve coordenação e/ou formação de professores, o projeto foi mais facilmente aceito e integrado na prática pedagógica quotidiana. Portanto, acreditamos que é tarefa do formador/coordenador favorecer o intercâmbio de informação entre os professores e as parcerias que possam ativar novas reflexões e práticas de ensino.

A Figura 14 apresenta a opinião dos 52 professores entrevistados nos três contextos de estudo sobre a formação que receberam para o projeto OLPC/UCA. Cabe destacar que 23% deles não tiveram nenhuma formação, e uma restrita minoria (16%) achou que a formação foi suficiente/interessante. Entretanto, os 61% restantes consideram que deveria ser providenciada uma formação diferente, em termos de quantidade (porque a recebida não foi suficiente) ou em termos de qualidade (porque não foi bem preparada ou focou aspectos secundários para as suas disciplinas).

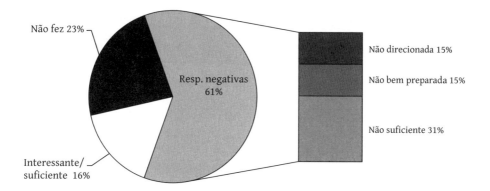

Figura 14 Considerações dos professores sobre a formação recebida no início do projeto OLPC/UCA.

Outro aspecto interessante que surgiu nas entrevistas, e espelhadamente nos grupos focais, é que o aluno desenvolve habilidades com a tecnologia que, muitas vezes, o professor não tem. Ao mesmo tempo, o professor possui a responsabilidade de direcionar as competências dos alunos com intencionalidade didática, sendo a falta desse direcionamento o primeiro motivo de dispersão dos alunos na sala de aula.

Entende-se que a formação deveria ajudar a difundir a ideia de que o conceito de inclusão digital não é só o acesso físico ao computador, mas o acesso crítico à informação, ao letramento nas diferentes linguagens midiáticas e à participação ativa do usuário/autor na construção de conteúdo. Além da aquisição de competências operacionais, a formação deveria instigar a motivação, gerar interesse, impulsionar a criatividade e, sobretudo, construir relações humanas, as quais são o elemento-chave da mudança.

Último dado interessante para nossa análise é que as escolas que apresentaram maior aceitação da tecnologia por parte dos professores e integração mais decidida nas práticas didáticas são as que ofereciam certo grau de apoio ao professor, por meio de gestão mais bem estruturada e de serviços de manutenção técnica para os computadores. Analisando os aspectos contextuais, particularmente aqueles relacionados ao apoio institucional, vemos que aparecem muitos casos com evidentes problemas de gestão, devido à falta de regras claras para a implementação do projeto ou à ausência de alinhamento entre as atitudes e opiniões dos atores envolvidos.

A necessidade de mais formação metodológica e de gestão mais comprometida com o objetivo de integrar a tecnologia na prática docente foi reconhecida pelos coordenadores entrevistados:

> É preciso mudar a forma de ensinar, o que pressupõe um investimento enorme na formação de professores. [...] Muitas vezes isso não se faz porque é mais difícil ou tem um custo muito

grande no âmbito dos projetos, e também porque algumas coisas se tomam por dadas, como, por exemplo, as competências dos professores (Coordenador de projeto, Itália).

Eu acho que existe sempre um limite de mudanças que você pode requerer de uma realidade, todas ao mesmo tempo. No caso dos professores com o projeto OLPC... Bem, temos que desafiá-los aos poucos, assim que seja um pouco além do limite deles, mas não muito mais, se não desistem. [...] Isso é algo que não será alcançado em um ano ou dois, e aí está o desafio (Coordenador de projeto, Etiópia).

Por causa destas questões todas, os professores começaram a desanimar um pouco, porque é muita pressão: todo mundo cobra, todo mundo quer um pedaço do bolo, quer ver o projeto funcionar, mas em contrapartida a prefeitura não nos dá respaldo. Não estou falando da prefeitura enquanto NTE, estou falando da prefeitura enquanto *sistema*. Porque falta a coisa da manutenção que a gente não pode dar conta, como a tomada... Então, fica aquela cobrança e o professor não quer mais... E eu sempre em cima: vamos fazer, não pode desistir! (Coordenadora pedagógica, Brasil).

3.4 Reflexões conclusivas

Em suma, os resultados principais da pesquisa realizada concentram-se em quatro pontos que podem ser resumidos da seguinte maneira:

1) A maioria dos professores reconhece a importância da tecnologia para a inovação da escola no momento histórico atual e, ao mesmo tempo, a dificuldade de aplicar essas convicções ao trabalho cotidiano na sala de aula. Confirma-se o reconhecimento da motivação individual como chave da mudança, a qual deve ser procurada pela própria criança e pelo professor. Para isso, deve haver valorização constante das descobertas dos estudantes e reconhecimento social e institucional dirigido aos professores, potencializado por relações humanas e parcerias significativas dentro de sua comunidade escolar.

2) Há necessidade de abrir espaços de diálogo e de redefinir as relações entre aluno e professor, em direção a uma mudança da cultura escolar centrada no conhecimento e na autoridade do professor. Nos casos em que os professores aceitaram e valorizaram a parceria com os alunos, o projeto OLPC/UCA deu resultados inesperados, em termos de desenvolvimento de práticas didáticas inovadoras e geração de motivação em docentes e alunos. A proposta metodológica que poderia ser mais significativa para ações futuras surgiu das três pesquisas comparadas e consiste em procurar ou

valorizar os espaços de questionamento mútuo entre professor e aluno, alimentando a reflexão crítica sobre as práticas de ensino e, ao mesmo tempo, responsabilizando o aluno pelo uso da tecnologia nos espaços e tempos previstos pelo professor.

3) A maioria dos professores destaca a necessidade de formação, a qual também foi reconhecida pelos gestores escolares e coordenadores do projeto. Trata-se de uma necessidade de caráter principalmente metodológico: O que é possível fazer com o *laptop* em sala de aula, no âmbito da grade curricular, do programa disciplinar e dentro dos limites espaciais e temporais da escola? Em geral, as propostas da formação oferecida foram insuficientes, tanto em termos de quantidade como de qualidade. Fica claro que uma formação padronizada que não se articule com o contexto específico de cada escola não dá conta das complexas questões que surgem com inserção de uma nova tecnologia no cotidiano escolar. As propostas e as políticas para a inclusão digital, compreendida em termos cognitivos, dificilmente terão sucesso se desconsiderarem a importância de formar os docentes, isto é, os agentes da mudança cultural na escola.

4) Há necessidade de maior articulação entre os gestores do projeto e as instituições locais, pois nas realidades que apresentaram regras claras e distribuição de papéis entre os atores a integração do *laptop* ocorreu com mais facilidade. O OLPC/UCA é um projeto inovador, que teve o mérito de perceber a importância da inclusão digital para a superação das desigualdades e para a inclusão social através da educação. Porém, o limite entre uma visão futurística e uma abordagem determinista é muito sutil. A gestão do projeto não pode eximir-se do diálogo interinstitucional, da formação organizada de docentes para poder integrar a tecnologia nas práticas pedagógicas, do planejamento e da assistência técnica. Enfim, o projeto institucional não pode exaurir seu papel com a entrega de computadores para uma escola ou com alguns encontros de formação técnica que não fazem diferença alguma para o professor.

Diante desse cenário, os resultados da pesquisa reafirmaram a hipótese de que a inclusão digital não depende apenas da promoção de acesso físico aos recursos tecnológicos, mas da qualidade do acesso, ou seja, de saber como empregar tais recursos nas práticas docentes, valorizando as competências dos alunos e as possibilidades de aprendizagem oferecidas pelas redes sociais já existentes na comunidade escolar. Só dessa forma será dada ao professor a oportunidade de experimentar situações dinâmicas e interativas que viabilizem uma verdadeira inovação na prática pedagógica.

Acreditamos que um projeto de inclusão digital deve apresentar-se como uma oportunidade decisiva de reconfigurar a organização escolar existente, respeitando, ao mesmo tempo, os padrões culturais locais e tendo em mente o risco de distorcê-los. Considerar o contexto institucional não apenas como marco de atuação dos professores, mas como o motor de seus comportamentos e ideias é imprescindível. Para avançar nesse intuito, será importante repensar os projetos com o uso de tecnologia nas escolas, abarcando todos os elementos mencionados, tanto no planejamento das atividades quanto na sua posterior realização, a fim de construir um quadro de intervenção educacional que garanta a continuidade do projeto após a sua implementação. Só assim poderá ser superada a ideia de que tecnologia significa, por si só, progresso humano, inovação didática e inclusão digital.

4

Formação de professores e cultura digital

4.1 A "construção de capacidades" na escola

Com base na discussão desenvolvida até aqui é evidente que a exclusão digital refere-se não só a um tipo de discriminação – política, social ou cultural –, mas também a valorações teóricas que podem levar a políticas de grande impacto, positivo ou negativo, para uma comunidade ou sociedade. Tais valorações expõem-se a formas de preconceito potencialmente perigosas: referimo-nos ao debate sobre a natureza da exclusão digital, às visões que relacionam tecnologia e inovação de forma causal e à questão, ainda mais importante, da relação entre as TICs e o desenvolvimento de um país.

A pesquisa desenvolvida sobre os projetos OLPC/UCA considera aspectos de caráter ético, mas também problematiza tais aspectos esperando que tenham consequências concretas, por meio de ações eficazes para reduzir as desigualdades.

4.1.1 As políticas para a inovação

Os grandes avanços da tecnologia frequentemente não são complementados por ações políticas capazes de gerir os seus efeitos. Os problemas que hoje se impõem aos decisores políticos não recebem soluções coerentes nem modelos políticos que consigam satisfazer as demandas da sociedade do conhecimento (BONILLA & PRETTO, 2011; ZOCCHI, 2003).

Um pressuposto importante para poder retomar as iniciativas de desenvolvimento pode ser o de realizar intervenções políticas que se concentrem não só nos "recursos de primeiro grau" (cf. cap. 1), mas também naqueles que constituem a base da luta contra a desigualdade sociocultural. Para alcançar as inovações, sugere Wilson (2004), deve-se ter, antes de tudo, a consciência, no âmbito governamental, da importância das TICs para o melhoramento das condições econômicas e sociais do país. Esse pré-requisito adquire importância, principalmente, no caso dos países que, segundo as Nações Unidas, entram na categoria de "países subdesenvolvidos" (*Least Developed Countries*)[42].

No caso de projetos com tecnologia móvel, os decisores políticos têm diversas motivações para apoiar a sua implementação: a perspectiva de aumentar a competitividade econômica e cultural dos estudantes, a possibilidade de melhorar a qualidade dos seus resultados graças a maior participação individual, a oportunidade de validar aproximações de ensino-aprendizagem centradas no sujeito e na criação de ambientes de aprendizado mais eficazes. Ainda assim, o interesse das instituições por esse tipo de projeto não é suficiente para viabilizar processos políticos de desenvolvimento e inovação.

Outra condição fundamental para o desenvolvimento de políticas inovadoras é a de realizar um processo de "glocalização" dos recursos econômicos, tecnológicos e de conteúdo, a fim de favorecer a adaptação das TICs às necessidades locais, com o objetivo de ampliar as possibilidades de acesso e conseguir superar os problemas que obstaculizam as dinâmicas de inovação. Preparar a estrada para as mudanças significa, de um lado, compreender a política, dentre outras coisas, como ações de parceria com empresas, organizações e associações sem fins de lucro, e, de outro lado, envolver a comunidade local e todos os possíveis atores que estão ao redor da realidade escolar (MICHELINI, 2006).

O tempo já demonstrou amplamente que o imperialismo cultural, isto é, as aproximações que tendem a subvalorizar o intercâmbio interpretativo entre os sujeitos, é insustentável. Por isso, faz-se necessário, em contraposição, refletir sobre as relações que existem entre as mediações sociais, culturais e educativas pelas quais se constroem os usos do digital, que são a origem mesma de um sistema democrático (MATTELART, 2002). Um projeto político capaz de pôr a nova tecnologia a serviço das necessidades locais verá as inovações como a "renovação e ampliação da série de produtos, serviços e mercados a eles associados; a instauração de novos métodos de produção, oferta e distribuição; a introdução de mudanças na gestão, na organização do trabalho, nas condições trabalhistas e nas habilidades dos trabalhadores" (FARISELLI, 2005, p. 60).

Segundo a visão da Comissão Europeia, inovação não é somente a introdução de novos instrumentos tecnológicos, mas a mudança de métodos e de modelos sociais. Nossa proposta é que o elemento-chave para a inovação seja a "construção de capacidades".

4.1.2 A construção de capacidades

O processo mediante o qual se alcançam graus intermediários de conhecimento é comumente chamado de *capacity building*, por nós aqui traduzido

---

42. UN-OHRLLS-UN Office of the High Representative for the Least Development Countries, http://www.unohrlls.org

como "construção de capacidades". Esse conceito nasceu durante os anos de 1970, no contexto das Nações Unidas, como resposta à tentativa de entender as causas do sucesso de determinados projetos de caráter institucional. Situa-se entre o desenvolvimento de capital humano, por um lado, e a construção e o reforçamento das instituições, por outro (ECOSOC, 2004). Durante alguns anos, o conceito foi assimilável ao de "formação" até a redefinição feita pelo Programa de Desenvolvimento das Nações Unidas (Pnud), em 1991, segundo a qual a construção de capacidades é "a criação de um ambiente capaz de fornecer políticas e estruturas legais apropriadas, desenvolvimento institucional, participação comunitária, aumento de recursos humanos e fortalecimento dos sistemas de gestão" (PNUD, 2005). Trata-se, também, ainda segundo o Pnud, de um processo contínuo e de longo prazo, tanto no aspecto institucional e organizativo quanto no aspecto individual e profissional. Se a formação representa só uma parte de um percurso mais amplo, a construção de capacidades pressupõe a sustentabilidade como um todo. Os outros elementos que a compõem são os fatores contextuais externos aos atores, como a origem geográfica, as regras da comunidade e os meios econômicos, e os fatores pessoais, como a alfabetização, a competência comunicativa e a motivação (LIEVROUW, 2004).

A construção de capacidades desenvolve-se, assim, em duas frentes (PIS-CHETOLA, 2012). Em primeiro lugar, valorizando o capital social, entendido aqui a partir de uma perspectiva relacional, isto é, como o conjunto de recursos intrínsecos da comunidade. Para ativar esses recursos, precisa-se da interação de vários indivíduos, que gastam tempo e energia para unir-se entre si de forma associativa, sobre a base de códigos de comportamento moral compartilhados e transmitidos, frequentemente, de geração a geração (CURINI, 2004). Nesse sentido, o capital social é a marca fundamental do entrelaçamento entre indivíduos e instituições, e faz parte de um processo evolutivo longo e difícil de ser alterado por ações externas. As redes de relações que ele possibilita permitem intercambiar informações e compartilhar os conhecimentos individuais e a criatividade dos sujeitos, recursos cuja importância está no valor agregado que podem gerar para dar suporte às dinâmicas de desenvolvimento: "Um alto nível de capital social tem um impacto direto sobre a habilidade de formar uma sociedade baseada no conhecimento, que seja criativa, inovadora, aberta à mudança e capaz de forjar vínculos econômicos e sociais permanentes" (ECOSOC, 2006).

Por outro lado, o capital humano se entende como o conjunto de capacidades e recursos intelectuais dos indivíduos que pode ser aproveitado para o crescimento da comunidade e para o bem-estar das pessoas. Amartya Sen (2003) define o capital humano como a realização do ser humano em termos de conhecimento e dedicação. Junto com as capacidades individuais, ele pode aumentar a produtividade do indivíduo e orientar as suas escolhas fundamentais, possibilitando, segundo Sen, o acesso ao desenvolvimento compreendido como liberdade. O seu objetivo final pode ser sintetizado pela definição dada por Ricoeur (1990, p. 165) do "homem capaz", aquele que se realiza através da expressão pessoal, da ação, da responsabilidade e da capacidade metarreflexiva de narrar-se.

A construção de capacidades possui duas dimensões temporais complementares: a curto prazo, concentra-se no desenvolvimento da dimensão cognitiva do sujeito e no intercâmbio de conhecimentos entre ele e os seus pares; a longo prazo, persegue o objetivo de reduzir as desigualdades sociais através da aquisição de capacidades, que tornem o sujeito e a comunidade independentes da ajuda externa, seguindo, assim, o princípio segundo o qual "o indivíduo que transformou o próprio alfabetismo em instrução, que se fez autônomo, capaz de dialogar, crítico e construtivo, será muito mais capaz de cuidar de si mesmo e dos outros" (GALTUNG, 1981, p. 367).

4.1.3 Um modelo de inovação pautado na cultura

Fica claro agora que o modelo de inovação que consideramos mais eficaz é aquele que entende a introdução de tecnologia como um processo de apropriação e de interpretação orientado a adquirir novas capacidades, passadas pelo filtro do *background* cultural.

As políticas promovidas pela Ocde e a UE até agora valorizaram mais os processos de inovação "horizontais" que as transferências tecnológicas "verticais". Nessa perspectiva, a tecnologia parece ativar uma distribuição mais homogênea do conhecimento entre indivíduos, potenciada pelo desenvolvimento de sinergias institucionais. No âmbito político, isso significa valorizar sobretudo as iniciativas que vêm "de baixo para cima", ou seja, aquelas em que o sujeito promotor assume a responsabilidade plena, envolvendo outros entes locais nas atividades propostas. Essas ações requerem importante descentralização política e alto grau de autonomia na gestão, o qual se alcança, segundo Schunk (2002), através de atos de distribuição de poder. Pense-se, por exemplo, nas práticas da sociedade civil orientadas ao uso inteligente da web e à consecução de um acesso à internet não só mais disponível, mas também mais significativo. Pense-se nos movimentos sociais, que ganharam voz por meio de ações de desenvolvimento local; na visibilidade que algumas classes subalternas obtiveram no sistema econômico e comunicativo através da mídia. Pense-se, também, no desenvolvimento da empresa, na eliminação da burocracia, na gestão de recursos humanos. As TICs, como instrumentos capazes de inserir-se em mais amplos e radicais programas de desenvolvimento, podem agir como fatores de multiplicação dos recursos disponíveis, estendendo, por exemplo, a possibilidade de emprego e de acesso à educação. Graças a elas podemos aumentar a difusão de informação, superar as fronteiras geográficas, integrar nas redes globais a comunidade mais isolada. No entanto, para a realização desse potencial é primordial que haja uma distribuição de poder, elemento que distingue, no caso dos países em vias de desenvolvimento, a inclusão digital da "invasão digital" (MATTELART, 2002). Na análise de Schunk (2002, p. 20), ações dessa natureza servem para a criação de "arquipélagos locais de desenvolvimento", em que as capacidades e os papéis políticos são claros, as ações perseguem objetivos particulares e, sobretudo, amplia-se a consciência da importância que o diálogo entre os atores envolvidos possui. Segundo a União Europeia, os sujeitos que deveriam participar da rede estratégica e das decisões são entes comerciais, representantes de interesses privados, representantes industriais, pesquisadores do campo pedagógico e sociológico, e políticos com direito a voz nos campos da educação, da pesquisa, do empreendimento e da inovação tecnológica (ECOSOC, 2006).

Se, no primeiro momento da descentralização de poder, a atenção concentra-se na composição de uma rede de parcerias distribuídas pelo território, no segundo momento o objetivo passa a ser a construção de lideranças locais e a redistribuição de recursos e responsabilidades. De um processo "de baixo para cima" transita-se, assim, para um novo processo "de cima para baixo", que permite que os líderes locais intervenham mesmo quando a presença do Estado é relativa e episódica, de modo a combater a fragmentação. As organizações e instituições que assumam papéis de liderança no âmbito local terão condições de avaliar as questões que surjam no caminho e distinguir as ações mais relevantes para promovê-las, contribuindo, simultaneamente, para a sua modificação (MAURASSE & JONES, 2004). Esse processo permite valorizar o capital social e o capital humano, alcançando o objetivo da construção de capacidades.

No caso dos projetos de inclusão digital, prevê-se que a implementação de tecnologia em um contexto educativo facilite, de um lado, o desenvolvimento daquelas "competências digitais" (VAN DIJK, 2005b) que resultam indispensáveis para o acesso ao conteúdo – habilidades estratégicas e operacionais, e capacidades críticas para a utilização da tecnologia – e, de outro, aumente os recursos psicológicos úteis para orientar, elaborar informação e resolver problemas[43]. O acesso a conteúdos de alta densidade informativa exige considerar processos psicológicos que não acontecem na alfabetização tradicional[44]. Por isso, é necessário providenciar contextos culturais específicos que possibilitem a aquisição daquelas competências digitais que, em um segundo momento, influirão na vontade de participar "de baixo para cima" da mudança cultural e organizativa.

Concretamente, para iniciar um projeto de construção de capacidades orientado à inclusão digital precisaremos, antes de tudo, promover o diálogo entre as

---

43. Cf. Il *Technological Achievement Index* (TAI) dell'UNDP, que mede a difusão nacional de tecnologia e o nível de investimento destinado ao incentivo das competências individuais necessárias para participar da inovação tecnológica (fonte: TAI, Technological Achievement Index, http://ictology.net).

44. Como destacam Newhagen e Bucy (2004, p. 12), a resposta psicológica do indivíduo à mídia depende de fatores socioculturais que têm um papel muito importante, mas, ao mesmo tempo, "se houvesse um acesso cognitivo consistente dos indivíduos, este precederia e determinaria o acesso social".

instituições, reforçando os programas que já existem pelo território e incentivando o intercâmbio de informações e experiências de campo. Em um segundo momento, deveremos fomentar a atualização das administrações públicas e o aumento das suas capacidades técnicas, por meio da escolha de hardware e software apropriados, e da criação de encontros e seminários (UNDESA, 1992). Para essa finalidade, a pesquisa qualitativa sobre contextos socioeducativos adquire também um papel de primeira importância, na medida em que pode oferecer respostas sobre a eficácia das atividades de formação já iniciadas no âmbito local e nacional.

4.1.4 A variável crítica da cultura

Muitos dos projetos surgidos nas regiões emergentes do mundo durante os últimos anos direcionam-se ao desenvolvimento humano pela introdução de computadores na escola. Grande percentual desses projetos está prestes a fracassar por não ter levado em consideração fatores fundamentais do contexto em que foram implementados, como, por exemplo, o lugar dos aspectos sociais, a sustentabilidade econômica e cultural, a necessidade de apoio formativo e de assistência técnica.

Para abrir caminho a novos percursos de desenvolvimento autônomo, respeitando a diversidade cultural, o mais importante é adotar uma visão de desenvolvimento que considere que em qualquer contexto as diferenças locais podem tanto criar quanto destruir as perspectivas iniciais. Conforme Black (2002), se não forem tomadas as medidas adequadas nos planos econômico, tecnológico e de gestão, se o programa não é idôneo às circunstâncias contingentes e se toda uma série de dinâmicas não resulta favorável, até os melhores planos serão destinados ao fracasso.

O primeiro passo na hora de projetar uma intervenção destinada ao desenvolvimento ou à inovação deveria ser, portanto, o de reconhecer as necessidades e os problemas que precisam ser melhorados. Depois de ter esgotado a investigação preliminar, poder-se-á passar a avaliar os instrumentos e o modo/tempo da sua implementação.

Uma profunda análise das necessidades será capaz de considerar:

• A própria existência da necessidade.

• O tipo de intervenção que melhor responde às necessidades identificadas.

• A receptividade do contexto, isto é, a sua maturidade para acolher o projeto de inovação (medida segundo os critérios sugeridos no capítulo anterior).

• A tecnologia a ser implementada.

Em primeiro lugar, no momento de projetar uma implementação de TICs em contextos educativos (escolares ou extraescolares), é fundamental levar em consideração o interesse potencial que há por parte dos destinatários do projeto, pois o interesse é expressão de uma necessidade e o primeiro motor da motivação[45]. O primeiro elemento a verificar deveria ser, portanto, a percepção inicial dos destinatários sobre a importância das TICs, pois o potencial dos instrumentos tecnológicos é reconhecido só quando se percebe como relevante para a vida quotidiana das pessoas.

Pesquisas apontam que a percepção dos destinatários de uma iniciativa política de inclusão digital sobre o potencial de transformação da tecnologia é muitas vezes distorcida, seja em termos utópicos, seja em termos distópicos (KATZ & RICE, 2002; RIVOLTELLA, 2003). Em um primeiro momento, não se trata tanto de corrigir essas opiniões, surgidas principalmente do desconhecimento dos instrumentos tecnológicos, mas, sobretudo, de fornecer informações corretas sobre a proposta do projeto, pondo em relação tecnologia e necessidade educativa[46]. Um contexto que de início apresente questões a serem resolvidas é certamente mais promissor do que um que demonstre total ausência de curiosidade e vontade de aprofundar. Em todo caso, é de vital importância focar informações detalhadas e centradas, principalmente, no conceito de letramento. Para atualizar esse conceito e ver a sua relação com a inclusão digital, as ideias de Freire e de Milani podem ser de grande ajuda. Segundo Freire (2010), o sentido mais exato do letramento é o de aprender a fazer parte da história de forma autoconsciente, quer dizer, como "corpos conscientes", em relação intencional com o mundo, e não como "seres vazios", que o mundo enche de conteúdos. O ponto central da pedagogia de Lorenzo Milani (1969) diz respeito à exigência de promover a pessoa humana, começando pelos mais desvalidos, através de um itinerário que leve à conquista da autonomia da expressão e da comunicação. O objetivo da escola popular por ele fundada não é o de falar aos pobres, mas dar-lhes a palavra, fornecer a eles os instrumentos necessários para fazer com que a sua própria voz seja ouvida e para que possam expressar o seu próprio pensamento. A escola transforma-se em espaço de mudança e emancipação da condição do pobre.

Se assumirmos que hoje a participação significativa na sociedade se funda em grande parte no acesso efetivo às TICs, aceitaremos considerar o letramento digital como elemento fundamental de inclusão social, na medida em que representa um dos requisitos para ser cidadão na contemporaneidade.

---

45. Claparède (1952) declarava que "o interesse é o sintoma da presença de uma necessidade". De acordo com Decroly (1921), a atividade motivada por uma necessidade se reflete na capacidade do educador de acumular experiência e a partir dela extrair e formular atividades diferenciadas, articuladas e precisas.

46. Um aspecto a ser aprofundado se relaciona, p. ex., com o tempo de implementação: é bem claro que a tecnologia, inclusive aquela introduzida com sucesso no interior de um grupo social, é dificilmente capaz de surtir efeito imediato ou a curto prazo sobre a redução da exclusão. Tal resultado só é possível por meio de uma combinação de fatores (e, por vezes, de tecnologias diferentes), cujos efeitos culturais podem ser indiretos e mediados pela interpretação da comunidade e das organizações a que são destinadas.

A criação de um canal de comunicação inicial entre os promotores e os destinatários de um projeto é de fundamental importância para reduzir a divinização ou demonização da tecnologia e, também, para gerar um olhar crítico e, ao mesmo tempo, curioso por ela. Por conseguinte, de nosso ponto de vista, a comunicação eficaz será capaz de determinar o segundo ponto de atenção assinalado: a intervenção que possa gerar interesse com respeito às necessidades detectadas.

Para promover curiosidade inicial pela tecnologia, sugerimos que se adote o princípio do "uso estratégico" das TICs, apresentado em 2004 pela Unesco. De acordo com esse princípio, a utilização da tecnologia deveria basear-se, em primeiro lugar, no conhecimento dos diferentes instrumentos postos à disposição (softwares, database, instrumentos da rede etc.) e na habilidade de determinar, em relação às necessidades e aos recursos disponíveis, quando utilizar um ou outro. Em segundo lugar, o "uso estratégico" supõe a integração da tecnologia a táticas anteriores de informação e comunicação. Em outras palavras, para alcançar a sustentabilidade cultural de um projeto, é necessária uma abordagem capaz de combinar o uso do computador com outras tecnologias mais tradicionais. Sem utilização estratégica das TICs, pouca ajuda é oferecida ao processo de desenvolvimento de uma comunidade.

O terceiro elemento de atenção tem a ver com a capacidade do contexto sociocultural de acolher a mudança, não só do ponto de vista do conteúdo, mas também do ponto de vista organizativo e estrutural. O contexto da ação de desenvolvimento deveria, idealmente, apresentar uma predisposição básica à mudança. O elemento mais importante, por isso, será a avaliação contínua do processo, para a qual precisaremos combinar uma atualização constante dos procedimentos previstos, com uma atitude de abertura e adaptação[47]. Precisamos também lembrar que a introdução de tecnologia como suporte educativo é um fator de desestabilização, sobretudo na escola, por tudo o que foi exposto e, principalmente, pelo temor que sentem os professores de não terem habilidades suficientes para o uso de TICs em sala de aula, pela dificuldade de mudar as práticas de ensino-aprendizagem que eles demonstram e, de modo geral, pela falta de reconhecimento que existe sobre a necessidade de integrar a tecnologia no cotidiano escolar. Em alguns contextos, a situação política e normativa tem papel decisivo. Para citar um exemplo concreto, a análise comparativa dos projetos OLPC/UCA leva a respostas similares da parte dos professores italianos, etíopes e brasileiros. Nos três campos pesquisados, os docentes sentem dificul-

---

47. A esse propósito, em nível internacional se fala com frequência de "preparação eletrônica" (*e-readness*) de um país ou de um *ranking* de valores que mede, em termos sobretudo econômicos e infraestruturais, a maturidade do contexto para a introdução de inovação tecnológica de rede. Em outras palavras, a "preparação eletrônica" de um país é a medida das oportunidades oferecidas pela internet para o mercado. Nos últimos anos, diversos critérios foram reavaliados para refletir a sua crescente importância na determinação desse valor, como, p. ex., o acesso à banda larga e a penetração das comunicações móveis. Além disso, acrescentam-se constantemente outros novos parâmetros (p. ex., a difusão do *hotspot*, ou seja, do acesso à internet sem fio, pública e gratuita).

dades diante da tecnologia e as explicam pela falta de tempo para o planejamento e pela dificuldade de gestão das atividades em sala de aula. No caso da Etiópia, contudo, um aspecto decisivo é a presença de um estrito controle do Estado sobre a atividade dos docentes, os quais, submetidos à avaliação anual, arriscam ser demitidos no caso de não levar a termo o programa estabelecido pelo Ministério da Educação.

É, então, necessário não sobre-estimar a facilidade com que a tecnologia pode inserir-se na realidade existente: na presença de instrumentos diversos de trabalho é evidente que devemos também repensar as estratégias de ensino e aprendizagem.

O quarto e último aspecto a examinar pela análise das necessidades concerne à idoneidade e à pertinência da tecnologia a ser implementada no contexto local. A análise deveria pressupor garantir um progresso real à comunidade local, se comparado com a situação sem o projeto. Uma crítica comum às intervenções que têm como objetivo a distribuição de tecnologia nos países em desenvolvimento diz respeito à escolha de instrumentos pouco úteis para o contexto (WAGNER et al., 2005).

A análise comparativa do projeto OLPC/UCA abriu espaço para refletir sobre como o mesmo instrumento tecnológico é empregado em três contextos diferentes. Não obstante alguns aspectos positivos do uso didático do software livre (sobretudo no caso do *laptop* XO, que apresentava programas especificamente criados para as crianças), há certos problemas atribuíveis à não adaptação cultural do *laptop* e que se devem, principalmente, à total ausência de uma análise inicial das necessidades. As medidas políticas que seguiram à implementação do projeto, em alguns casos, produziram problemas que teriam sido evitáveis se a variável cultural/contextual tivesse sido considerada com antecedência. Por exemplo, como aconteceu na Etiópia, a ideia de ter livros didáticos em versão digital pode despertar o interesse dos professores para a utilização do suporte digital como mera substituição do papel, prolongando uma prática didática familiar, em lugar de estimular metodologias inovadoras. Isso é sinal de uma evidente separação entre a produção, a projeção e o consumo, que, em outras partes do mundo, também está provocando críticas ao projeto OLPC/UCA.

A falta de enraizamento sociocultural de um instrumento tecnológico pode igualmente envolver o risco de que a utilização desse instrumento não apenas reflita, mas replique a marginalização de alguns grupos, ao se constituir em oportunidade só para alguns. Por esse motivo, deve-se dedicar especial atenção aos discursos simbólicos e culturais que são reproduzidos por meio de determinada tecnologia e aos modos como eles são reelaborados pelos usuários. Para poder plasmar o contexto social em que está inserida, a tecnologia deveria transformar-se num *centro cultural*, e não só num instrumento (ARDIZZONE & RIVOL-TELLA, 2008; LEASK, 2001). Trata-se, então, de definir indicadores qualitativos que ajudem a individualizar a tecnologia mais apropriada às condições locais, para poder facilitar a sua integração nas atividades cotidianas[48]. O próprio conceito de "integração", como esclarecemos ao longo do texto, compreende uma multiplicidade de fatores e de conceitos que não se resumem na simples adoção de tecnologia no interior de um programa didático. Para considerar o impacto potencial da implementação de uma tecnologia em um programa educativo não podemos esquecer de que esta, mesmo sendo um instrumento, não é neutra, pois está ligada às relações, aos usos e aos contextos sociais em que se insere.

Em todas essas considerações, a variável cultural é decisiva, tanto em termos de necessidades e prioridades locais quanto do ponto de vista social, organizativo e, em última instância, humano. Não podemos passar por alto que o objetivo de fundo da inclusão digital não é simplesmente o de reduzir a brecha digital, mas provocar, pela utilização de tecnologia, um círculo virtuoso de mudança positiva no âmbito social (acesso aos recursos, acesso ao conhecimento, aumento da capacidade comunicativa, ampliação das redes sociais etc.). Um projeto de inclusão digital deveria poder oferecer uma oportunidade decisiva de reconfigurar a organização existente respeitando os modelos culturais locais e tendo presente sempre o risco de distorcê-los, como consequência de mera importação de modelos exógenos. Cientes disso, reiteramos a importância de desenvolver aplicações em função das exigências do destinatário, realizando intervenções que levem em consideração o contexto sociocultural em que vão se inserir, prevendo uma forte inter-relação entre os mundos escolar e extraescolar, e projetando ações concretas para o desenvolvimento das capacidades (WARSCHAUER, 2003). A análise das necessidades mobiliza o próprio questionamento de alguns elementos essenciais de partida – curiosidade, abertura, interesse, motivação, mudança – sem tomar nada por dado. O passo seguinte busca que a política em educação saia dos limites da improvisação que muitas vezes a caracteriza, para adquirir um nível de seriedade que lhe permita recusar-se a cumprir uma mera função instrumental.

4.2 Construir capacidades na escola

As abordagens de alguns projetos parecem afirmar que uma nova tecnologia, pelo mero fato de ser mais recente com respeito a outras tecnologias, pode ter sucesso em termos de adoção e difusão. Segundo essa concepção determinista, o maior nível de difusão de uma inovação tecnológica é razão suficiente para sua introdução na sociedade. Porém, para poder entender a tecnologia como uma área de formação de primeira importância, já demonstramos quão necessário é adotar uma atitude crítica.

---

48. Algumas indicações gerais vão na direção do investimento em sistemas operacionais de código livre, em conteúdos e *design* de produtos pensados para o destinatário, com atenção particular às minorias e aos grupos desfavorecidos do ponto de vista da interface com a tecnologia. Cf. Splichal e Wasko, 1993.

A participação concreta da escola na revolução da sociedade contemporânea consiste em promover práticas de uso significativas para as atividades didáticas quotidianas e nos percursos curriculares, incluindo uma variedade de recursos, conteúdos, artefatos, produtos, tipos de suporte, conforme o objetivo pedagógico a ser alcançado.

4.2.1 Áreas de atenção para a inovação da escola

A literatura da última década sublinha alguns elementos-chave da inovação escolar, que aqui apresentamos, por clareza expositiva, em três macroáreas: cultura, capacidades, gestão (COMISSÃO EUROPEIA, 2007; CURINI, 2004; GARDNER, 2005; MICHELINI, 2006; PISCHETOLA, 2014; WARSCHAUER, 2003). Deve-se notar ainda que, na sua grande maioria, essas áreas são híbridas, sobrepostas, e se condicionam reciprocamente.

Cultura

A tecnologia é aceita pelo sistema cultural preexistente, relacionando-se positivamente com o substrato das suas crenças, das suas visões e, sobretudo, das suas expectativas.

Capacidades

• O ensino-aprendizagem é o foco principal de interesse.

• O uso da tecnologia por parte dos docentes e discentes favorece um ambiente de aprendizagem significativo.

• Estão presentes na escola docentes com funções de líder capazes de despertar a motivação geral.

Gestão

• A escola é capaz de individualizar objetivos mínimos e padrões de melhoramento que permitem modificar o projeto graças à experiência acumulada.

• A escola predispõe autonomamente os instrumentos de autoavaliação para medir a realização dos níveis de inovação previstos pelo projeto.

• A primeira área de desenvolvimento relaciona-se com o campo sociocultural. Inovar na escola significa, em primeiro lugar, desenvolver uma mentalidade aberta à mudança, capaz de aceitar que uma tecnologia possa incidir na renovação das práticas e dos pressupostos didáticos. Os docentes são os mais afetados pela introdução de novas tecnologias na reforma escolar, são os que possuem a responsabilidade maior de absorver as mudanças desencadeadas e refletir tais mudanças nas próprias ações, de maneira a comunicar, compartilhar, colaborar e também aprender. O desenvolvimento profissional do docente prevê, então, uma reflexão sobre os novos conhecimentos a serem adquiridos e sobre a mediação entre os novos instrumentos e a formação dos alunos.

A metodologia precisa, portanto, ser revista em favor de uma atitude criativa. A ênfase nos dispositivos técnicos pode levar a desvalorizar a criatividade que nasce de aceitar a transformação das práticas de ensino-aprendizagem, em virtude da qual o ponto de partida passa a ser o desenvolvimento pessoal, e o fim último, a aquisição de autonomia nos atos de conhecimento. Isso não significa promover o autodidatismo, mas tentar provocar, por meio da própria estrutura de materiais oferecidos e da atividade didática promovida, processos de conhecimento relevantes. Para aprender de modo significativo, os indivíduos devem poder associar a nova informação a conceitos relevantes já possuídos. O conhecimento acontece pela elaboração do significado, no momento em que o estudante atribui ao material de aprendizado um significado pessoal. A aprendizagem significativa se opõe, então, à assimilação mecânica de informações e pressupõe a utilização de uma metodologia didática que estimule a descoberta do aluno (BROWN & CAMPIONE, 1994).

Para alcançar esse objetivo é necessário dedicar muita atenção à participação ativa dos estudantes, partindo da escolha dos assuntos a serem tratados até as formas de trabalho a serem utilizadas na sala de aula. Em linha com as indicações de Pellerey (1979), o mais importante é seguir, na didática, um "princípio de direção" que o professor utilize como meta e que o aluno possa reconhecer. O aspecto metacognitivo encoraja a aprendizagem, gera transformações conceituais e leva também a redefinir os interesses prioritários do que se está ensinando. A consciência que deriva desse tipo de aproximação tem, assim, papel fundamental na adaptação das práticas didáticas e na transformação da percepção cultural sobre o uso da tecnologia em sala de aula.

O contexto significativo de aprendizagem reclama, então, os conceitos de "interdisciplinaridade", "aprendizagem individualizada", "desenvolvimento da inteligência", "promoção da autonomia", "predisposição à integração e à interdisciplinaridade". O caráter transversal das TICs responde plenamente a essa exigência, pondo o aluno em condição de integrar o conhecimento de diversas disciplinas e de aprofundá-las segundo a curiosidade pessoal. Além do mais, as tecnologias móveis e personalizadas, permitem adquirir habilidades e capacidades segundo o próprio ritmo, pela construção de procedimentos individuais de aprendizagem.

Nossa pesquisa mostrou que, após a introdução de um instrumento tecnológico pessoal na didática, registram-se melhoras no desempenho dos alunos mais marginalizados, mais passivos ou com dificuldade de concentração[49]. Ao

---

49. No campo italiano, um caso de estudante com problemas motores mostrou também a relevância desse aspecto em termos de rendimento. A aluna achava mais fácil usar o teclado do que a caneta,

mesmo tempo, sem dúvida, o computador exige forte autonomia e independência, além da aquisição de novas e potentes capacidades de aprendizagem baseadas em contínuo exercício da interação e na reelaboração personalizada do conhecimento. Essas capacidades têm papel fundamental na inclusão e respondem plenamente à exigente alfabetização do século XXI. Voltaremos a falar mais extensamente sobre a área de desenvolvimento de capacidades na próxima seção, a fim de sublinhar a necessidade de uma formação estável e sistemática que seja capaz de pôr continuamente em discussão os usos da tecnologia e os métodos de ensino.

A gestão fica responsável por alcançar a organização, a autonomia e o melhoramento dos padrões de qualidade da escola. A autonomia organizativa faz parte dos aspectos que têm a ver com a cultura de um contexto e se mede pela liderança interna da instituição, pela sua capacidade de tomar decisões e pela clareza na distribuição de papéis entre as pessoas que participam dela. Assim, a gestão da escola se caracteriza não só pela eficiência e praticidade, mas sobretudo pela sua capacidade de reconduzir as ações às motivações que as guiaram. A reflexão sobre os conteúdos e sobre os métodos formativos incide, através do replanejamento, nas escolhas fundamentais que, por sua vez, terão impacto cultural nas novas reflexões, nas práticas e nos métodos didáticos (CURINI, 2004).

Segundo essa perspectiva, a qualidade se persegue através da inovação dos currículos escolares. "Definir um currículo significa compreender a cidadania do futuro como capaz de se movimentar reorganizando continuamente o próprio conhecimento, recorrendo a núcleos centrais sobre os quais possa construir trajetórias novas e imprevistas [...]. Esta é uma operação de tradução do novo significado de democracia na escola" (MICHELINI, 2006, p. 56).

Durante a adaptação do currículo escolar para a introdução de tecnologias, pensamos, porém, que se deve acolher a sugestão de Gardner (1993) de não dar completamente as costas aos métodos e procedimentos tradicionais. Essa advertência é particularmente importante se nos referirmos a contextos culturais em que a prática de ensino tradicional é a mais utilizada, pois (aparentemente) ela pode responder a exigências ditadas por alguma variável de contexto, como o número de usuários, o tipo de infraestrutura ou as exigências de avaliação docente previstas pelo sistema.

A tecnologia pode representar um suporte ao professor na medida em que potencie o diálogo educativo, funcionando como canal de comunicação e colaboração, premiando a negociação interpessoal e a capacidade de planejar, num processo gradual de aproximação dos usuários à tecnologia (GARDNER, 2005). O momento atual exige da escola não tanto acrescentar competências operativas ou preparar os jovens para a sociedade tecnológica quanto redefinir a pers-

---

pois com ele adquiria velocidade na execução da tarefa. Ao mesmo tempo, isso incrementava decisivamente a autonomia do próprio professor de apoio.

pectiva pedagógica a partir do conceito de "cidadania", levantar o valor da participação e promover o uso responsável da tecnologia (DALLA TORRE et al., 2003).

O último elemento importante a ser considerado para a criação de inovação é a avaliação. A escola responderá eficazmente à iniciativa de inclusão digital se for capaz de gerar as lideranças internas necessárias para a gestão contínua do projeto e a estreita colaboração dos professores. A longo prazo, porém, a instituição deveria ser capaz também de desenvolver níveis sempre maiores de autonomia para a formulação de instrumentos de autoavaliação, com o eventual apoio dos centros de pesquisa locais. Nesse sentido, a valorização do capital social inscrito na comunidade escolar emerge como fator preponderante que oferece mecanismos de autocontrole capazes de eximir os seus membros da necessidade de recorrer a um monitoramento externo (CURINI, 2004).

Para contribuir com esse propósito, proporemos, na última parte do capítulo, algumas indicações sobre áreas específicas de pesquisa e sobre os indicadores de qualidade que um projeto de inclusão digital pode utilizar.

4.2.2 Capacidades de professores e alunos

Seguindo o raciocínio desenvolvido até aqui, é evidente que os processos de renovação da escola requerem, antes de tudo, uma análise das necessidades e um estudo aprofundado da situação inicial da escola para, com base nos dados recolhidos, poder construir uma estrutura de intervenção educativa. Isso permitirá ir ao encalço de dois objetivos principais:

1) O incremento das capacidades individuais e sociais relacionadas com o uso de TICs, que represente uma oportunidade de inclusão social.

2) A efetivação de processos organizativos, em interação mútua com os processos sociais, que ofereça oportunidades de modificar e modernizar a cultura organizativa, e de redefinir necessidades e interesses prioritários (LEASK, 2001).

Discutiu-se muito sobre quais capacidades os sujeitos em crescimento devem desenvolver para ser capazes de encarar a complexidade do mundo contemporâneo e usufruir das oportunidades postas à disposição pela tecnologia. Falou-se da renovada exigência de alfabetização, especulando sobre a introdução de um *letramento digital* a que a escola deveria, com o tempo, adequar-se. Demos particular importância à capacidade lógica, à solução de problemas e à colaboração, habilidades que os alunos dos três estudos de caso mostraram desenvolver com notável eficácia durante a pesquisa. A análise de dados evidenciou que "suporte social", "colaboração" e "comunicação" são as palavras-chave do processo de desenvolvimento de novas habilidades por parte dos alunos, habilidades que os professores reconhecem, não só como capacidades informáticas, mas também como novos motores para o aprendizado e para a participação. Do ponto de vista das práticas didáticas, parecem ter tido mais sucesso as abordagens que utilizam a aprendizagem por descoberta, as quais atribuem ao professor o papel de guia e transferem o processo de aprendizagem ao aluno. O pensamento de Montessori, cujo foco está no processo mais do que nos conteúdos, que dá importância ao erro e ao *feedback*, e que tem uma compreensão mais profunda dos processos de aprendizagem da criança[50], revela-se ainda mais atual com a utilização de tecnologia na didática.

O ambiente de aprendizagem, segundo a filosofia construtivista que orienta a visão de OLPC/UCA, define-se como o lugar em que aqueles que aprendem ajudam-se reciprocamente, valendo-se de uma variedade de recursos, com uma modalidade de ensino-aprendizagem guiada (WILSON, 2004). Castronova (2002) sugere que essa modalidade de escola incide sobre três instâncias: sobre a integração e a troca de conhecimentos adquiridos através da investigação; sobre o interesse dos estudantes, que determina também a ordem e a frequência da atividade guiada; sobre a consolidação dos saberes de que os estudantes já são donos. Todos esses aspectos emergem da análise dos três contextos pesquisados: em todos os casos, o *laptop* aprofundou a colaboração entre as crianças, encorajou a curiosidade e a tenacidade para resolver os problemas e, em alguns casos, sobretudo na Etiópia, estimulou a paixão pelo conhecimento e o desejo de aprender. De qualquer forma, reconhecemos com Bianca Varisco (2002) que criar um ambiente de aprendizagem seguindo essa orientação é muito mais difícil que planejar uma série de intervenções didáticas tradicionais. Isso porque não existem modelos predefinidos para ambientes de ensino-aprendizagem construtivistas, sendo que os processos de construção de conhecimento estão sempre inseridos em contextos específicos. Desse modo, as ações didáticas pensadas para determinado contexto muito provavelmente não poderão ser transferidas para outro.

Nesse ponto entram em jogo as competências do professor e a sua habilidade de adaptar métodos e instrumentos através dos quais a educação, no seu momento formal, é conduzida. O problema principal, observa a autora, é o de gerir ambientes que aparecem como "caóticos", apesar da alta responsabilidade que o docente possui dentro deles.

É evidente que fazer os alunos participarem da escolha da atividade a ser desenvolvida, do controle e do ritmo a ser mantido faz com que o ambiente não seja completamente determinado, deixando certo nível de incerteza e descontrole, que põe o professor em estado de constante provisoriedade e cautela.

Entre as causas que levaram à crise do construtivismo, alega Calvani (2005), é razoável supor que a sobrecarga do professor na gestão da sala de aula tenha

---

50. Dos princípios fundamentais da psicologia infantil, o mais importante é que a criança aprenda graças a sua atividade individual, escolhendo livremente o que precisa e quer aprender. "Todos os outros fatores perdem significado diante da importância de nutrir a ávida inteligência e de abrir um campo vasto de conhecimento a uma exploração apaixonada. [...] Não haverá, pois, necessidade de outra coisa além de experiências repetidas que, no processo de aquisição de um conhecimento dado, receberão cada vez mais interesse e atenção" (MONTESSORI, 1970, p. 17-18).

pesado de forma particular. Isso se aplica também à introdução de tecnologia móvel, especialmente se nos referimos a salas numerosas e de estudantes na pré-adolescência. O professor sente a necessidade de adquirir domínio no uso da tecnologia, para poder seguir e direcionar o desenvolvimento das competências digitais dos alunos. Ao mesmo tempo, deve predispor-se a uma modalidade de trabalho colaborativo e de troca contínua com os seus alunos. Tudo isso faz com que as vantagens dessa situação de ensino-aprendizagem pareçam mais teóricas que práticas. Trata-se, no entanto, de dificuldades iniciais. Uma vez superada a fase de implantação de um projeto, quando os estudantes tiverem adquirido suficiente autonomia e o professor tiver aprendido a gerir a atividade em sala de aula, as tecnologias podem permitir notável diminuição dos tempos de uma tarefa, participação ativa decididamente superior por parte dos alunos e simplificação do planejamento incomparável com qualquer outra situação tradicional. Se os alunos se tornam mais autônomos na aprendizagem, o professor pode também propor intervenções mais específicas e personalizadas.

De fato, é evidente que a gestão e a organização de atividades com suporte tecnológico levam também a uma abordagem cultural do ensino-aprendizagem. A metodologia didática mais eficaz é elástica e está sempre disposta ao planejamento em conjunto com os alunos, com o fim de superar em tempo breve a fase inicial de efetivação de um projeto. Expressão desse elemento-chave é o resultado obtido dos três estudos de caso apresentados, nos quais só foi possível fazer com que os participantes desenvolvessem ativamente novas habilidades com o *laptop* por meio de uma aproximação didática flexível e aberta ao replanejamento. O professor deve tentar criar uma comunidade de aprendizagem autêntica e própria, evitando a visão individualista que entende o sujeito como "recurso" do contexto e encorajando modalidades de trabalho que forneçam suportes mútuos e coplanejamento efetivo com os alunos (BANNELL et al., 2016).

Em segundo lugar, a inserção de tecnologia na didática exige uma revisão das linguagens (FANTIN, 2012a; GEE, 2009; JEWITT, 2006). As novas tecnologias demandam novas habilidades metalinguísticas e metacognitivas por parte dos estudantes para a leitura e a composição participativa de textos escritos, e para a elaboração de produções multimídia em que cada um contribui com a sua criatividade. Para que as propostas funcionem devemos contar com professores críticos e atentos à aparição de novas formas de analfabetismo, com posturas abertas à possibilidade de complementar a aprendizagem baseada em textos escolares de metodologias didáticas diferentes. Inevitavelmente, este último aspecto demanda que não só o estudante, mas também o professor, adquira com o tempo as competências digitais, para se tornar capaz de aplicá-las ao próprio trabalho através de possíveis estratégias de investigação.

Para alcançar os resultados esperados, o último desafio para o progresso do professor em termos de capacidades é o de basear o próprio método, mais do que numa organização funcional dos conteúdos, numa abordagem flexível, capaz de reelaborar constantemente as informações adquiridas. Dessa maneira obteremos um modelo próximo ao ensino "transformador" defendido por Gardner, que outorga ao docente a tarefa de evocar o potencial oculto dos alunos, em lugar de exigir, como no ensino-aprendizagem "ritualizado", a *mímesis* do docente[51].

A aquisição de capacidades, objetivo essencial de um projeto, alcança-se, na escola, mediante ações de valorização do capital humano e social. O primeiro tipo de intervenção recupera o mais amplo conceito de "formação profissional"; o segundo se define como intercâmbio (formal e informal) de conhecimento no contexto escolar.

4.2.3 Formação profissional e capital humano

O elemento-chave de uma reforma da educação é formar professores capazes de articular as mudanças relacionadas à introdução das TICs no currículo, rever as práticas pedagógicas e os métodos de ensino, construir as capacidades necessárias para fazer frente à gestão de novos ambientes de aprendizagem e inserir os professores na comunidade de desenvolvimento profissional (DALLA TORRE et al., 2003). No que diz respeito à exigência de formação por parte dos professores, os estudos de caso examinados mostram resultados muito similares: no contexto italiano, evidenciou-se certa fragmentação entre os sujeitos envolvidos e um sensível isolamento da maioria dos docentes; na Etiópia, a necessidade de formação agravou-se pelo predomínio de práticas didáticas frontais e limitada predisposição à mudança; no Brasil, foi destacado pelos professores que a formação recebida não ajudou na integração da nova tecnologia. À luz desses resultados, pode-se dizer que a introdução de um instrumento tecnológico na didática, por um lado, representa uma oportunidade de aprofundar e, eventualmente, de rever as convicções pessoais no campo pedagógico e, por outro, gera nos professores, inevitavelmente, uma insegurança psicológica que pode facilmente prevalecer com o fim de refutar o instrumento tecnológico e de reforçar os hábitos de ensino consolidados. É tarefa de a formação incidir sobre esses mecanismos, de maneira a gerar uma atitude positiva diante dos projetos de inclusão, em nome da plena construção e apropriação do conhecimento. A formação deve mudar a percepção da tecnologia, antes mesmo da sua utilização. Deve ser capaz de ativar reflexões pedagógicas e abrir novos horizontes culturais que incluam a predisposição à mudança das práticas pedagógicas e a reflexão sobre o ensino-aprendizagem centrado no aluno.

---

51. Essa mesma oposição, continua o autor, reflete-se na diferença entre aqueles que enfatizam as competências de base e aqueles que dão maior importância à criatividade. Os primeiros entendem o conhecimento como fruto de construções graduais, cujos pilares se erguem sobre bases sólidas; os segundos deixam mais espaço à invenção, que consideram uma contribuição fundamental para a sabedoria coletiva. Cf. Gardner, 1993, p. 119-123.

As mídias digitais têm a peculiaridade de fundir aprendizado e uso operativo em única instância: a prática. Para a aquisição das habilidades digitais é muito mais importante o uso quotidiano das mídias do que a formação teórica. As TICs adquirem significado por meio dos usos atribuídos pelos usuários: se suas características mudam, os usos também mudarão. A formação inicial não deveria, portanto, perseguir outro objetivo que o de sugerir *o que se pode fazer* com o instrumento, pois o *como fazê-lo* os alunos vão descobrir logo e por sua própria conta. É imprescindível que a formação passe essa mensagem para o professor, que não deve pensar que tem de alcançar níveis muito altos de domínio da tecnologia. Sabemos que o papel da formação continuada é delicado, pois exige pôr em discussão práticas didáticas estabelecidas e cenários de ensino-aprendizagem conhecidos. Concretamente, trata-se de discutir, de forma aberta com os professores, sobre as vantagens e desvantagens das TICs na educação, buscando sinais de abertura e estimulando a autorreflexão. Em outras palavras, procura-se o que Perkins (1992) chama de "letramento meditado"[52], conceito que sublinha a importância do ensino-aprendizagem centrado no pensamento e na motivação intrínseca. Uma vez esclarecidas as dificuldades que os professores encontrarão, e definidas as possíveis soluções, procede-se à experimentação em sala de aula, com tempos e modalidades definidos a partir da especificidade do contexto. Os momentos de debate deverão repetir-se mais tarde para reforçar a reflexão dos professores à luz da experiência adquirida na sala de aula e para abrir um espaço de pesquisa sobre possíveis metodologias a serem adotadas.

As palavras-chave que resumem o processo inteiro são: "reflexão", "flexibilidade", "sensibilidade ao contexto", "responsabilidade" e, por último, "tempo". Trata-se, de fato, de processos que não se resolvem com uma só experimentação anual, mas que – tendo se iniciado devidamente de acordo com um projeto estruturado – obtém resultados objetivos só a longo prazo. É evidente, ainda dentro dessa variável, que a seriedade do percurso formativo depende novamente do fator humano. A maioria dos projetos de intervenção educativa com TICs não investe na formação de especialistas, limitando-se à mera formação técnica. Isso acontece porque as soluções tecnicistas parecem melhorar o ensino e a aprendizagem a curto prazo, dando a impressão de reduzir a necessidade de novas intervenções na escola. Contudo, é precisamente desse modo que a cultura centrada no professor se preserva, ou até mesmo se reforça, na medida em que ele continua atuando de forma tradicional com novas ferramentas. Warschauer (2003) explica a falta de capacidades necessárias para o aproveitamento e a criação de conteúdos pela carência de especialistas na gestão dos projetos de implementação de tecnologia[53].

---

52. Em inglês, "*a literacy of thoughtfulness*".

53. Particularmente, o autor nomeia os seguintes: gestores capazes de atingir o funcionamento de projetos tecnológicos complexos; analistas políticos que entendam a tendência da regulamentação governamental, num contexto de contínua mudança tecnológica; programadores de software e engenheiros.

A possibilidade de um projeto ter sucesso está determinada, principalmente, pela existência de uma base de especialistas e tutores capazes de dar contribuição fundamental à construção de capacidades, em todas as fases. Pela própria natureza da abordagem construtivista, também esses papéis se constroem com o tempo e seguem o andamento, o ritmo e as exigências dos próprios professores.

4.2.4 *Capital social e intercâmbio de* know-how

O segundo elemento-chave da construção de capacidades é potencializar o capital social na escola. Sabemos que muitas das ações organizativas do colégio carecem de qualquer espaço de decisão formal e que entre os participantes dessas ações se desenvolvem regras implícitas e invisíveis para um ator externo. Essa característica da escola foi reconhecida por alguns autores como um fator significativo, na medida em que representa, informalmente, um importante momento de fortalecimento dos laços sociais (MICHELINI, 2006; WARSCHAUER, 2003).

Os efeitos ligados ao capital social variam extremamente dependendo do contexto, mas estão unidos por um sutil fio que pode transmutar-se em autêntica dinâmica de aprendizagem. Referimo-nos à transferência de conhecimentos, ao compartilhamento de problemas e de práticas que podem aumentar o desenvolvimento profissional, melhorar as relações com as novas tecnologias e dar implicitamente impulso às mudanças de estratégia. O capital social na escola é, de fato, de extrema utilidade, não só por seu papel de dar suporte à comunidade profissional, mas também pela troca contínua de conteúdos que possibilita. Essa atividade de produção de conhecimento é a mais frequentemente negligenciada pelos programas de desenvolvimento com TICs.

Para sistematizar essa forma de socialização será necessário, antes de tudo, fornecer momentos estruturados de encontro, com tempos e modalidades claras e definitivas, negociadas pelo conselho de sala de aula em conformidade com as atividades escolares quotidianas. O estabelecimento dessas instâncias tem por objetivo desenvolver uma linguagem comum e uma percepção compartilhada das metas educacionais sobre a base de uma série de relações sociais que se revelam fundamentais durante os momentos de vulnerabilidade que os docentes podem atravessar ao longo de determinado projeto de inclusão digital. As entrevistas aos professores dos três campos revelam o forte desejo de diálogo por parte dos docentes com colegas do mesmo ou de outro complexo escolar, pois os poucos momentos de intercâmbio de experiências que eles tiveram se mostraram extremamente profícuos em ideias criativas, estratégias didáticas e discussões sobre problemáticas comuns. Os estudos de caso mostraram que o projeto fez sucesso nos contextos escolares em que era criada uma comunidade profissional empenhada em idealizar novas atividades com o *laptop* e em apoiar os estudantes na descoberta e no desenvolvimento de habilidades ligadas ao computador. O intercâmbio de práticas dentro de uma comunidade profissional é muito importante porque "a aprendizagem que tem mais valor na sociedade não inclui tanto o *aprender sobre* quanto o *aprender como*, [...] estreitamente relacionado com o *aprender a ser*" (WARSCHAUER, 2003, p. 122) e incide tanto no desenvolvimento de visões comuns quanto nas disposições pessoais e nas identidades profissionais dos participantes.

Warschauer (2003) propõe que esse tipo de formação social tenha como referência dois modelos educativos: o aprendizado situado de um lado e a pedagogia crítica de outro. O primeiro consiste em considerar o ingresso numa comunidade de aprendizagem como o ingresso na cultura. Nesse sentido, a afirmação busca ampliar o conceito de "alfabeto". Devido ao fato de que os destinatários do projeto desenvolvem certa motivação pela mudança, que deriva do interesse e da curiosidade pela tecnologia, eles devem compreender, em primeiro lugar, que a comunidade referida pode servir de base à aprendizagem das habilidades necessárias e que depois ela pode representar um momento de evolução para a própria comunidade. O segundo elemento citado por Warschauer enfatiza o papel das necessidades e da discussão sobre elas com o resto da comunidade, através da investigação, da crítica e da ação. É o docente que deve elaborar o modo como será implementado o projeto, porque nenhum outro ator é capaz de valorizar com a mesma consciência as problemáticas do seu contexto de trabalho. Essas duas orientações são experimentadas pelo docente num contexto de troca com a comunidade de seus pares e na aplicação didática[54].

Outro terreno, infelizmente menos óbvio, é a interação entre docentes e discentes, em que tem lugar uma intensa troca de conhecimentos, seja em termos de reflexão sobre os conteúdos, seja em termos metacognitivos de revisão dos métodos e das atividades. A ideia de envolver ativamente o aluno no processo de aprendizagem não é em absoluto nova, mas na prática quotidiana ainda é pouco frequente a colaboração aluno-professor na construção da didática. Nos três estudos de caso, pôde-se observar que o discente era capaz de guiar sem dificuldades o docente na utilização prática da tecnologia, pois muitas vezes tinha desenvolvido com ela habilidades que o professor não possuía. Por outro lado, o docente tem a missão de iniciar uma reflexão sistemática sobre as capacidades que estão em jogo, para possibilitar a sucessiva aplicação dessas habilidades dos alunos aos outros âmbitos. As condições necessárias para que se produza a colaboração mútua criam-se, assim, no momento em que o professor percebe

---

54. Acrescentamos que o intercâmbio de *know-how* pode acontecer também por meio das redes de comunicação nacionais e internacionais. No caso do One Laptop per Child, p. ex., são muitos os recursos on-line à disposição dos professores de todos os países envolvidos no projeto. Duas coisas centrais que ainda faltam para isso são a tradução dos conteúdos em diversas línguas e, em nível local, a vontade de usufruir da rede mundial de modo eficaz, pela mediação dos coordenadores presentes no campo. O risco de não considerar essas oportunidades é atribuir novamente a responsabilidade aos professores e à sua motivação pessoal. A redistribuição mais equitativa de tarefas, de um lado, e o contraste com outras realidades, de outro, poderiam dissolver essa dificuldade, inclusive através das indicações práticas de quem já as superou em outro contexto.

o valor da presença recíproca e do recíproco pôr-se em discussão. A aquisição de conhecimento nasce justamente de uma visão que aproxime o mundo do ensino com o mundo da aprendizagem e que alimente a pesquisa e a reflexão crítica sobre a didática.

Um último âmbito de interação é aquele entre a escola e a família. A sociedade democrática se realiza na possibilidade que os indivíduos têm de exercitar a própria inteligência a favor de situações capazes de modificar o ambiente e a vida social, para a busca de soluções coletivas a problemas que são percebidos como comuns, para a produção de regras gerais que todos considerem necessárias e, portanto, para a criação de novas formas de sociedade (DALLA TORRE et al., 2003). Alcançar um grau mais alto de evolução social e cultural exige que se dê mútuo intercâmbio entre a escola e a sociedade, concretizando aquilo que Dewey (1944) distingue como uma das principais funções da educação: criar indivíduos capazes de pensar de forma divergente. Esse aspecto é da mais alta importância, na medida em que esclarece o modo como o processo educativo e a promoção cultural se implicam mutuamente. Se o professor acompanha o desenvolvimento das habilidades da criança na escola, a tarefa dos pais é a de compartilhar as suas descobertas entre os muros da casa, com o objetivo de trazer à consciência a habilidade que aquele adquiriu e, ao mesmo tempo, de motivar a criança a perseguir novos objetivos de aprendizagem. Mais uma vez, trata-se de um procedimento que não é espontâneo e que precisa prever momentos de intercâmbio com a família, de preparação do projeto e de *feedback* durante a sua implementação.

4.3 Planejar a inclusão digital

A literatura distingue uma série de estratégias que resultaram eficazes na maximização de oportunidades para os professores em termos de reflexões sobre métodos e práticas organizativas, como resultado da introdução de novos paradigmas culturais, como o da tecnologia móvel. Entre elas destacam-se:

• O investimento em materiais de qualidade que suportem a preparação das lições e estimulem as reflexões sobre o ambiente educacional.

• A criação de equipes locais compostas por professores, técnicos, consultores e educadores.

• O investimento em construção de capacidades no âmbito escolar e de distrito, com o fim de identificar lideranças para a gestão administrativa.

• A planificação de cursos de formação e espaços de debate, formulados sobre a base de diferentes formatos (reuniões informais, seminários, reuniões disciplinares etc.).

• A copresença de professores mais experientes e a prática de apoio entre pares (entre turmas de um mesmo instituto, mas também de diferentes escolas).

• A formação dos estudantes, para que sejam, eles próprios, de ajuda aos professores (na recuperação de dados, na instalação de software, na assistência para o uso de programas etc.).

• A melhora da comunicação escola-casa, através de encontros com os pais, para a preparação e a realização do projeto.

• O uso de recursos on-line (wiki, chat, e-mail, fórum), para estabelecer canais de comunicação entre os professores envolvidos no mesmo projeto, com o objetivo de debater e compartilhar boas práticas no âmbito nacional e internacional.

4.3.1 A tradução cultural da tecnologia

Um projeto didático que aponte a integração de ambientes tecnológicos deveria ter em conta os possíveis efeitos catalisadores da tecnologia, quer dizer, a relação que o estudante estabelece com a rede social, aliviando a carga do professor na gestão das atividades de ensino-aprendizagem.

Os conceitos de "saturação" e "transversalidade" propostos pelos projetos OLPC/UCA tiveram, sem dúvida, o valor de chamar a atenção mundial para uma dinâmica de desenvolvimento que desperta interesses – comerciais, inclusive – por produtos que podem gerar inovação. Mas isso não basta. É necessário convencer os políticos a investirem não tanto em tecnologia, mas sobretudo em formação, em pesquisa e no desenvolvimento de "modelos de aquisição" do letramento digital que ponham o acento nas práticas didáticas e reduzam, ao mesmo tempo, os obstáculos possíveis. Tanto as instituições escolares quanto o próprio professor deverão desenvolver sua consciência sobre esse tema e reagir adotando uma lógica dinâmica: não terá mais o domínio da disciplina, mas será experto em "como fazer para saber" investigar informações, valorá-las e aplicá-las, assim como gerir trabalhos colaborativos e estruturar recursos de conhecimento.

Para que a estrutura cívica da comunidade se reforce é necessário que se esclareçam os interesses coletivos, levando adiante pequenas ações que a comunidade possa encarar com motivação. Essas ações se transformam em cultura quando a coletividade, gerindo e reelaborando um conjunto de significados compartilhados, empenha-se no trabalho conjunto, superando, dessa forma, as barreiras sociais e econômicas que possuía para a inovação.

Trata-se, porém, de modalidades de trabalho que requerem não só um contínuo debate entre os profissionais envolvidos (responsáveis, coordenadores, gerentes de projeto, técnicos), mas também certa rapidez e elasticidade para reprogramar e definir, segundo a evolução da situação, as rotas a serem seguidas (MICHELINI, 2006). Talvez seja esse o motivo principal pelo qual a gestão das dificuldades adquire, muitas vezes, mais importância que a ideia projetada e o objetivo de sua realização: diante da crescente complexidade dos problemas, a ênfase recai sobre parâmetros de eficiência e competência, de modo que as motivações que orientam as ações tornam-se, em certo sentido, secundárias. Para evitar que isso aconteça é necessária uma projeção multidimensional, que aceite o desafio da complexidade e o encare metodicamente. Fazer escolhas sobre o modo como serão tomadas as decisões, sobre as opções didáticas e sobre como elas se traduzirão em formas de organização e comunicação implica desenvolver a capacidade de vislumbrar a relação entre planejamento e ação (CURINI, 2004). Esse é o pressuposto fundamental para lograr modificar a cultura didática de uma escola através das práticas, com o fim de promover resultados formativos de excelência. Em outras palavras, teremos que considerar de fundamental importância as interações humanas que circundam o processo tecnológico, pois é delas, e não dos aspectos puramente operativos, que nasce a mudança.

4.3.2 Sustentabilidade de um projeto

A superposição de todos os elementos indicados – identificação das lideranças locais e busca de apoio institucional para o projeto, análise das necessidades e do contexto cultural, formação profissional coerente com os objetivos, criação de condições positivas para a troca de *know-how* entre os atores envolvidos – acaba formando um quadro de projeto caracterizado por um aspecto de extrema importância: a sustentabilidade (PISCHETOLA, 2015).

Incorporar os fatores que garantem a sustentabilidade significa considerar a qualidade das intervenções, avaliando aspectos como a participação real dos beneficiados na planificação do projeto e a validade dos componentes econômicos e financeiros que lhes servem de base.

Quando se fala de sustentabilidade de um projeto, se está fazendo referência a três tipos distintos de fenômenos (SCHUNK, 2005):

1) Em primeiro lugar, à continuidade que terão as ações planejadas, uma vez concluída a intervenção "externa", para a qual é importante distinguir entre uma intervenção do tipo assistencialista e uma de ajuda planejada. A primeira contempla o controle, por parte de um ente externo, de todas as variáveis que estão em jogo, da gestão dos recursos financeiros à formação do corpo docente e administrativo, sem verificar o interesse que o destinatário possa ter pelo projeto e pela sua continuidade. Ao contrário, um projeto de ajuda para o desenvolvimento distingue entre os elementos que dependem da colaboração externa e os fatores associados a uma parte ou ao conjunto de beneficiados de um contexto, como o interesse pelo projeto e a participação dos sujeitos nas decisões que o irão orientando.

Os projetos de parceria devem contribuir de maneira significativa para a sustentabilidade de um projeto, fazendo aumentar as probabilidades de que os benefícios para os destinatários continuem a se renovar uma vez interrompida a ação de apoio. Aspectos de variada natureza, como a capacidade institucional e de gestão, os elementos socioculturais, a adequação da tecnologia, podem ser influenciados pela parceria se as suas forças internas – os cargos institucionais, administrativos e de gestão – são bem calibradas.

2) Em segundo lugar, para alcançar a sustentabilidade é também fundamental que haja equilíbrio entre o projeto e o contexto. Nesse ponto, "o conceito de sustentabilidade atrela-se ao de *impacto*" (SCHUNK, 2005): um projeto se diz sustentável quando não provoca impacto negativo sobre o ambiente circundante (no sentido amplo). Sujeita aos processos dinâmicos de um contexto em evolução, a sustentabilidade, dessa perspectiva, passa a ser um conjunto de "perturbações positivas" de ajuda (ECOSOC, 2004), ou ações que põem em movimento círculos virtuosos dentro do contexto em questão. Uma avaliação eficaz deveria ser capaz de medir as tendências de um projeto, levando em consideração as circunstâncias locais e nacionais, e tentando prever seus desenvolvimentos futuros, antecipando os problemas eventuais. Nesse sentido, as TICs possuem uma tendência inversa à das tecnologias precedentes, pois os custos relativamente baixos para a infraestrutura fazem contrabalançar os custos muito elevados para o trabalho humano destinado a fazê-la funcionar. A sustentabilidade de um projeto baseado em TICs se funda, assim, principalmente, sobre o aspecto social e de recursos humanos.

3) O terceiro aspecto da sustentabilidade refere-se à duração das transformações: um projeto é sustentável se a solução conquistada no curto prazo tem consequências positivas também no médio e no longo prazos. Isso pode acontecer, por exemplo, no caso de programas que detectam corretamente as necessidades das instituições públicas locais, com ênfase particular na transferência de *know-how*. Dessa forma, preparar um projeto coerente e completo significa garantir uma rede de suporte e fazer previsões, já na fase de planejamento, sobre os fatores que influenciarão as sucessivas fases do projeto.

Um sistema funcional será, portanto, eficaz na intervenção, eficiente em termos de qualidade, flexível e adaptável às circunstâncias, sustentável economicamente e confiável em termos operativos.

4.3.3 Indicações para a pesquisa

Há ainda para a pesquisa um grande trabalho em direção à distinção de indicadores de qualidade e à adoção de uma aproximação sistemática para a avaliação de diversos aspectos.

Em primeiro lugar, faz-se necessário verificar o impacto das políticas educativas e dos investimentos que veem a tecnologia como uma área da inovação e do desenvolvimento humano. Em particular, a pesquisa deveria concentrar a sua atenção na realização de ações "de cima para baixo" e "de baixo para cima", a fim de indagar quais intervenções são mais apropriadas para um contexto específico, com características políticas, econômicas e socioculturais determinadas. A pesquisa deve também identificar as possíveis ações que instituições não governamentais, grupos de pressão e setores privados podem realizar nos diferentes contextos locais para reduzir – sobretudo do ponto de vista cognitivo – a brecha digital. Uma previsão das futuras tendências do mercado de TICs poderia, além do mais, ajudar os países em vias de desenvolvimento a definirem os próprios objetivos de crescimento a curto e longo prazos.

Em segundo lugar, a pesquisa futura deverá criar instrumentos para levantar as evidências empíricas dos progressos tecnológicos, do ponto de vista das capacidades e das habilidades, mas também no que se refere à aprendizagem. Essas avaliações poderão ajudar a compreender de que modo investir eficazmente em formação de capital humano e social, e como escolher os instrumentos tecnológicos mais apropriados ao contexto escolar, dependendo das exigências e dos problemas encontrados.

Só uma sinergia entre pesquisa, instituições internacionais e sujeitos locais, que contemple um conjunto de capacidades e conhecimentos, materiais e infraestrutura, mas que também dê forte atenção à formação e ao debate, poderá trazer a transformação cultural da escola por meio de uma reforma sustentável de currículos e de metodologias didáticas. Os próximos anos representam um momento crítico e crucial para esse desafio.

Considerações finais

Já se passaram mais de cem anos desde que John Dewey exortou à mudança do modelo escolar com base na transmissão de noções abstratas, para uma escola que favorece a experimentação, a prática e a conexão da aprendizagem com o mundo.

As tecnologias da informação e da comunicação tornam a visão de Dewey decisivamente mais inteligível graças à presença de recursos capazes de diversificar os conteúdos, reformular a sala de aula e estimular a participação ativa dos alunos na construção do conhecimento e na sua reformulação criativa.

Ao considerar o acesso às TICs como um componente essencial de muitas das atividades humanas, percebemos que a exclusão digital pode transformar-se em exclusão social, política, econômica e cultural. Assim, o mito da tecnologia como elemento-chave do desenvolvimento social vem sendo destituído por uma crescente ênfase no papel do ser humano, compreendido como o verdadeiro protagonista de mudança.

Alcançar a inclusão digital significa mudar a educação na direção de práticas que priorizem a participação, em detrimento da aula expositiva, o conhecimento distribuído em vez de centralizado, a coautoria e o *remix* em lugar dos direitos de propriedade intelectual, as formas de produção colaborativa mais do que as individuais.

A compreensão, por parte de jovens e adultos, de que a habilidade técnica não é sinônimo de inclusão digital permite superar a crença de que exista um "antes" e um "depois" das mídias digitais e de que haja uma geração que entende a época atual simplesmente porque nasceu no tempo das TICs e da internet. Na verdade, ainda está incompleta a verdadeira tarefa, que é a de formar jovens capazes de conquistar melhor qualidade de vida do ponto de vista profissional, com melhores expectativas no mercado de trabalho, mas, sobretudo, um nível de vida mais elevado em termos de participação social, autonomia e pensamento crítico, capacidades que Paulo Freire integra na única ação verdadeiramente importante, a ação de *ler o mundo*.

Vistas dessa forma, as tecnologias podem amenizar as diferenças e aproximar os polos da inclusão/exclusão social.

A investigação sobre os programas One Laptop per Child e Um Computador por Aluno deu lugar ao aprofundamento dessas reflexões, confrontando três contextos socioculturais muito diferentes – a Itália, a Etiópia e o Brasil –, que foram destinatários da mesma intervenção política: a introdução e a tentativa de integração de um *laptop* nas práticas cotidianas de ensino-aprendizagem.

Os resultados obtidos nos permitem concluir que o conceito de "inclusão digital" utilizado pela política atual está longe de compreender que a tecnologia é uma *cultura*, apesar de ser, também, uma *ferramenta*. Ela é um potencial veículo de inclusão social, política e democrática, pois dá voz a quem não tem e permite o acesso à informação, bem primário de todos os cidadãos.

As habilidades que a tecnologia permite desenvolver, potencialmente, nos alunos – a criação autoral, a resolução colaborativa de problemas, a autonomia e o letramento como leitura de mundo – fazem dela um recurso essencial para a mudança. Ao mesmo tempo, a inclusão digital traz novas possibilidades didáticas para o docente e contém grande potencial para motivar a aprendizagem, não só dos conteúdos, mas também dos processos de construção desses conteúdos.

Com efeito, a pesquisa constatou um hiato entre as potencialidades da tecnologia como cultura e as ações para a inclusão digital do modelo OLPC/UCA, desvendando o caráter pouco inovador do projeto nas escolas onde foi aplicado. Vimos que, para além de tudo o que ela é *em potência*, a tecnologia pode ser utilizada simplesmente como mais um suporte didático de práticas antigas e estabelecidas, sem gerar mudanças constitutivas e/ou estruturais na escola. Portanto, o modelo construtivista de ensino-aprendizagem prognosticado pelo OLPC/UCA não aparece como consequência natural da chegada do *laptop* nos contextos investigados. Retomando os dados da pesquisa, é importante discutir os motivos desse resultado controverso.

Ponto 1: a inclusão digital é responsabilidade do professor, não do aluno

Em primeiro lugar, a inclusão digital entendida como inclusão social remete a um contexto de ensino-aprendizagem significativo, em que aluno e professor trabalham juntos para compreender o mundo. Na literatura sobre o assunto, a discussão sobre o caráter positivo ou negativo da tecnologia para a sociedade está ultrapassada, mas, ao mesmo tempo, reconhece-se que ela não é, de modo algum, neutra. Ela muda nossa forma de comunicar, de agir e de pensar. Ela possibilita novas formas de se relacionar e incide na formação da identidade social, política e cultural do sujeito. Nas palavras de um professor entrevistado durante a pesquisa no campo brasileiro, "dar um *laptop* ao aluno é como dar-lhe o mundo". Frente a essa afirmação, ainda resta saber qual é o grau de consciência que o professor tem sobre o seu papel de mediação, qual é o entendimento de sua função de orientador e parceiro dos seus alunos e até que ponto ele sabe que o seu estilo de ensino-aprendizagem é passível de motivar ou não os alunos. Como emergiu da pesquisa, investigando as atitudes e os estilos dos professores frente ao *laptop* dentro de um *continuum* imaginário, a responsabilidade de mediar situa-se no polo oposto ao medo de experimentar.

136

É inequívoco que a chegada da tecnologia móvel na sala de aula provoca em alguns docentes a sensação de estar sendo desautorizado, por não ter familiaridade com a técnica, que os alunos manejam tão habilmente, e por ter de concorrer com os estímulos ofertados pelo mundo digital. Porém, em uma perspectiva que entende a inclusão digital como aquisição de habilidades que vão além da mera aptidão técnica, o acesso físico e material à tecnologia não é suficiente para gerar mudanças significativas. De um ponto de vista geracional, os alunos podem ser considerados como "nativos digitais", por terem crescido com a internet e as TICs. Porém, isso não significa que eles contem com *habilidades informacionais* e *estratégicas* de uso da tecnologia. Ou seja, sem a ação mediadora do professor não há inclusão digital de alunos, da mesma forma como não há inclusão social, política ou democrática.

De tal evidência decorre uma primeira conclusão: precisamos abrir espaços de diálogo e de redefinição das relações entre aluno e professor, a favor de uma mudança da cultura escolar historicamente consolidada, cujos focos centrais são o conhecimento e a autoridade do professor. Isso ajudará na superação do medo injustificado que ele sente da técnica e na compreensão de que o seu papel consiste sobretudo na mediação porque, ainda que os professores precisem dominar as tecnologias, sua tarefa não é a de ensinar os estudantes a utilizá-las.

As condições necessárias para que se produza a colaboração mútua criam-se no momento em que o professor percebe o valor da presença recíproca e do recíproco pôr-se em discussão. A aquisição de conhecimento nasce justamente de uma visão que aproxime o mundo do ensino com o mundo da aprendizagem e que alimente a pesquisa e a reflexão crítica sobre a didática.

Ponto 2: a formação de professores é em metodologias, não em técnicas

Após a pesquisa, vemos que a aparição do *laptop* nas escolas parece afastar aluno e professor. Por um lado, com a tecnologia a criança enfrenta (às vezes pela primeira vez) o acesso à informação. Ela concretiza a sua capacidade de ser autora mediante produções midiáticas, amplia a sua criatividade experimentando com diferentes linguagens e aumenta a sua experiência de socialização, estendendo-a para a comunidade das redes digitais. Em espaços sociais ampliados, a presença do outro torna-se indispensável, seja ele leitor, seja coconstrutor de ações imprevisíveis e nunca antes imaginadas.

Por outro lado, o professor depara com uma situação caótica em sala de aula, com dinâmicas que fogem do seu controle e com relações sociais inéditas e difíceis de gerir. Certamente, ele aceita e reconhece as mudanças da sociedade contemporânea, que não permitem mais à escola "voltar atrás", mas ao mesmo tempo não se sente nem respaldado institucionalmente nem preparado profissionalmente para enfrentar tais mudanças, pois isso significa transformar profundamente sua metodologia, na direção de uma aula mais colaborativa e coautoral. Em outras palavras, o professor reconhece a tecnologia como uma cultura, mas a utiliza principalmente como uma ferramenta. Isso explica a preocupação constante dos docentes dos três campos pesquisados por mais intervenções de formação continuada centrada no avanço e melhoria das habilidades técnicas.

Porém, em contraste com essa ideia, procuramos argumentar que o papel da formação no âmbito dos projetos de inclusão digital é possibilitar a percepção, entre os professores, da tecnologia como cultura. Vista assim, é evidente que uma formação técnica, focada no uso de hardware e software, é uma proposta insuficiente, que subestima a natureza complexa do processo de ensino-aprendizagem, confundindo procedimentos com resultados, técnica com metodologia, habilidades com saberes.

A tecnologia não substitui a ação docente nem necessariamente a torna mais interessante ou motivadora. Portanto, a formação técnica, focada nas funções da máquina e/ou nos procedimentos para uso de software, é irrelevante ou, pelo menos, pouco importante para a preparação do professor.

Se realmente a intenção política é atualizar a escola e nivelar as desigualdades, a tecnologia precisa ser contextualizada e ressignificada para tornar-se uma parte da cultura docente tão importante quanto da cultura do aluno. Certamente, a formação é o momento principal dessa contextualização, mas deve tratar não de técnicas, mas de metodologias de ensino-aprendizagem que incluam a aquisição do letramento digital, da autonomia e da criatividade do docente, resgatando o perfil intelectual de cada professor e o capital social existente na escola. A formação docente deve, portanto, consistir em momentos de planejamento pedagógico interdisciplinar, em que o debate configura a decisão coletiva de regras, com base na convicção de que o professor tem de lidar não só com novas ferramentas, mas com situações de ensino-aprendizagem diferentes. Essa seria, na prática, uma formação continuada de qualidade, pensada e planejada com base nas necessidades locais de cada escola e fundamentada na *construção de capacidades*, no desenvolvimento de capital humano e no aproveitamento do capital social.

Ponto 3: projetos de inclusão digital sustentáveis

A pesquisa mostra que dificilmente as intervenções políticas "de cima para baixo" obtêm resultados interessantes. Se a introdução de uma tecnologia nova no contexto escolar não for eficaz para a criação de um círculo virtuoso de desenvolvimento, seu valor é muito relativo, pois ela não traz mudança substancial. Nesse sentido, os projetos OLPC/UCA refletem a prática de intervenção da maioria das políticas públicas para o desenvolvimento, as quais focalizam, geralmente, programas de assistência, tratando apenas os sintomas do problema e ignorando suas causas.

Nas realidades examinadas, os contextos escolares que apresentaram regras claras e distribuição balanceada de papéis entre os atores envolvidos, a inserção da tecnologia como cultura ocorreu com mais facilidade. Isso demonstra a necessidade de maior articulação entre os gestores do projeto e as instituições locais para a realização de ações e políticas realmente inclusivas.

As TICs, na condição de instrumentos capazes de inserir-se em mais amplos e radicais programas de desenvolvimento, podem agir como fatores de multiplicação dos recursos disponíveis. Graças a elas, podemos aumentar a difusão de informação, superar as fronteiras geográficas e integrar nas redes globais a comunidade mais isolada. No entanto, para a realização desse potencial, é primordial que se preste atenção especial à variável cultural, levando em consideração tanto as necessidades e prioridades locais quanto as circunstâncias sociais, organizativas e, portanto, humanas. Não podemos desconsiderar que o objetivo de fundo da inclusão digital não é simplesmente reduzir a brecha tecnológica, mas provocar, pela utilização de tecnologia, um círculo virtuoso de mudança positiva no âmbito social.

Na perspectiva de promover iniciativas "de baixo para cima", as ações políticas moldam-se a partir das intenções e das necessidades locais, restabelecendo a centralidade da formação e o fortalecimento dos laços sociais para a *construção de capacidades*. A fim de enfrentar as desigualdades sociais, são necessários investimentos de longo prazo, que se concentrem principalmente no desenvolvimento de capacidades, na criação de parcerias locais e na descentralização das decisões institucionais. Para isso, é indispensável uma política de abordagem sistêmica, que na sua proposta de intervenção priorize o interesse inicial dos atores envolvidos, respondendo às necessidades do contexto e promovendo a participação ativa, a organização e a autonomia. Todos esses elementos, em conjunto, dão corpo ao que no texto chamamos de *sustentabilidade* cultural e econômica de um projeto de inclusão digital. Quer dizer, quando um projeto não provoca impacto negativo sobre o ambiente circundante, no sentido amplo, e quando a solução conquistada a curto prazo tem consequências positivas também a médio e a longo prazos. Um desenvolvimento sustentável tem mais probabilidade de ser alcançado quando as organizações locais, os atores econômicos e as instituições públicas trabalham em conjunto, em vez de ignorar (ou, pior ainda, desencorajar) a participação por parte da comunidade. Sujeita aos processos dinâmicos de um contexto em evolução, a sustentabilidade passa a ser um conjunto de ações que põem em movimento círculos virtuosos dentro do contexto em questão.

A proposta deste livro é que a sustentabilidade das políticas de inclusão digital se dê pela percepção da tecnologia como cultura e pela renovação da instituição escolar por meio das práticas de ensino-aprendizagem, a fim de realizar o ideal democrático que John Dewey nos legou.

Referências

ABRAMOVITZ, M. *Thinking about growth*. Cambridge: Cambridge University Press, 1990.

ADVERTISING AGE EDITORIAL. *Generation Y*, vol. 64, n. 36, 30/08/1993, p. 16.

AFELE, J. *Digital bridges:* developing countries in the knowledge economy. Hereshy (PA): Idea Group, 2003.

ALVERMANN, D. *Adolescents and literacies in a digital world*. Nova York: Peter Lang, 2002.

ALVES, M.S. Contra o direito autoral. *Revista Pensar Jurídico*, vol. 2, 2008 [Revista acadêmica da Faculdade de Direito Promove] [Disponível em http://ufmg. academia.edu/MarcoAntonioSousaAlves/Papers/893883/Contra_o_direito_ autoral – Acesso em abr./2016].

AMIEL, T. Educação aberta: configurando ambientes, práticas e recursos educacionais. In: SANTANA, B. et al. (eds.). *Recursos educacionais abertos:* práticas colaborativas e políticas públicas. São Paulo: Casa da Cultura Digital/Edufba, 2012, p. 17-34.

ANDERSON, G. *Fundamentals of educational research*. Londres: Falmer, 1990.

ARDIZZONE, P. & RIVOLTELLA, P.C. *Media e tecnologie per la didattica*. Milão: Vita & Pensiero, 2008.

AUSUBEL, D. *Educational psychology* – A cognitive view. Nova York: Holt, Rinehart & Winston, 1968.

BAGNO, M. *Pesquisa na escola:* O que é, como se faz. 21. ed. São Paulo: Loyola, 2007.

BANDURA, A. Regulation of cognitive processes though perceived self-efficacy. *Development Psychology*, vol. 25, n. 5, 1989, p. 729-735.

_____. *Social foundations of thought & action* – A social cognitive theory. Englewood Cliffs: Prentice Hall, 1986.

BANNELL, R.I.; DUARTE, R.; CARVALHO, M.C.; PISCHETOLA, M.; MARAFON, G. & CAMPOS, G.H.B. *Educação no século XXI* – Cognição, tecnologias e aprendizagens. Petrópolis/Rio de Janeiro: Vozes/PUC-Rio, 2016.

BARAN, P. On distributed communications networks. *First Congress on the Information Systems Science*. Santa Monica, California: The Rand Corporation, 1962.

BARBALET, J.M. *Citizenship*: rights, struggle and class inequality. Milton Keynes: Open University Press, 1988.

BARTHES, R. A morte do autor. In: *O rumor da língua*. São Paulo: Brasiliense, 1988 [Trad. de Mário Laranjeira].

BAWDEN, D. Origins and concepts of digital literacy. In: LANKSHEAR, C. & KNOBEL, M. (eds.). *Digital literacies:* concepts, policies and practices. Nova York: Peter Lang, 2008.

BEHRENS, M.A. Projetos de aprendizagem colaborativa num paradigma emergente. In: MORAN, J.; MASETTO, M. & BEHRENS, M.A. *Novas tecnologias e mediação pedagógica*. 21. ed. São Paulo: Papirus,2013.

BELLONI, M.L. & GOMES, N.G. Infâncias, mídias e aprendizagem: autodidaxia e colaboração. *Educação Social*, vol. 29, n. 104, 2008, p. 717-746. Campinas.

BENNETT, W.L. & SEGERBERG, A. *The logic of connective action* – Digital media and the personalization of the contentious politics. Cambridge: Cambridge University Press, 2013.

BERTOT, J.C. The multiple dimensions of the digital divide: More than technology "haves" and "have nots". *Government Information Quarterly*, 20, 2013.

BLACK, M. *The no-nonsense guide to international development*. Oxford: New Internationalist, 2002.

BLOOR, M. et al. *Focus groups in social research*. Londres: Sage, 2001.

BOBBIO, N. *L'età dei diritti*. Turim: Einaudi, 1992.

BOEKAERTS, M. Motivation to learn. *Educational Practices Series*, vol. 10, 2002 [International Bureau of Education, IBE-Unesco] [Disponível em http://www.ibe.unesco.org/publications/EducationalPracticesSeriesPdf/prac10e.pdf – Acesso em abr./2016].

BONILLA, M.H. & PRETTO, N.L. (org.). *Inclusão digital* – Polêmica contemporânea. Salvador: Edufba, 2011.

BORUCHOVITCH, E. A motivação para aprender de estudantes em cursos de formação de professores. *Revista Educação*, vol. 31, n. 1, 2008, p. 30-38. Porto Alegre.

BORUCHOVITCH, E. & BZUNECK, J.A. (org.). *A motivação do aluno:* contribuições da psicologia contemporânea. 4. ed. Petrópolis: Vozes, 2009.

BOURDIEU, P. The forms of capital. In: RICHARDSON, J. *Handbook of theory and research for the sociology of education.* Nova York: Greenwood, 1986.

BRADY, M. The digital divide myth. *eCommerce Times,* 04/08/2000.

BRASIL. *Constituição da República Federativa do Brasil.* Brasília, 1988.

BROWN, A.L. & CAMPIONE, J. Guided discovery in a community of learners. In: McGILLY, K. *Classroom lessons:* Integrating cognitive theory and classroom practice. Cambridge/Londres: MIT, 1994.

BRUNER, J. *The culture of education.* Cambridge: Harvard University Press, 1996.

BUCKINGHAM, D. & WILLETT, R. *Digital generations:* children, young people and new media. Mahwah (NJ): LEA, 2006.

BUCY, E.P. & NEWHAGEN, J.E. *Media access:* Social and psychological dimensions of new technology use. Mahwah (NJ): LEA, 2004.

BURBULES, N.C. & CALLISTER, T.A. *Watch it:* the risk and promises of information technologies for education. Boulder (CO): Westview, 2000.

BUZATO, M.E.K. Novos letramentos e novos parâmetros para a inovação educacional na perspectiva da teoria ator-rede. In: *Anais do Anped Sudeste* – Livro 1: Práticas pedagógicas, linguagem e mídias – Desafios à pós-graduação em educação em suas múltiplas dimensões, 2011, p. 99-115.

BZUNECK, J.A. A motivação do aluno: aspectos introdutórios. In: BORUCHO-VITCH, E. & BZUNECK, J.A. (orgs.). *A motivação do aluno* – Contribuições da psicologia contemporânea. 4. ed. Petrópolis: Vozes, 2009.

CALVANI, A. *Rete, conoscenza, comunità:* costruire e gestire dinamiche collaborative. Trento: Erickson, 2005.

CASTELLS, M. *Redes de indignação e esperança:* movimentos sociais na era da internet. Rio de Janeiro: Zahar, 2013.

_____. *Communication power.* Oxford/Nova York: Oxford University Press, 2009.

_____. *The information age:* economy, society and culture. Cambridge: Blackwell, 1996.

CASTRONOVA, J.A. *Discovery learning for the 21st century:* What is it and how does it compare to traditional learning in effectiveness in the 21st Century? Valdosta, Georgia: Valdosta State University, 2002.

CHADWICK, A. *Internet politics:* states, citizens and new communication technologies. Nova York/Oxford: Oxford University Press, 2006.

CLAPARÈDE, E. *L'École sur mesure*. Genebra: Payot, 1952.

COLEMAN, J.S. *Foundations of social theory*. Cambridge (MA): Belknap, 1990.

COMMISSION DES COMMUNAUTES EUROPEENNES. *Gestion du cycle de projet* – Approche intégrée et cadre logique. Bruxelas, 1993.

COMPAINE, B.M. *The digital divide:* Facing a crisis or creating a myth. Cambridge (MA): MIT, 2001.

CURINI, L. *Il dilemma della cooperazione* – Capitale sociale, sviluppo, frammentazione. Milão Vita e Pensiero, 2004.

DALLA TORRE, G.; MIANO, F. & TRUFFELLI, M. *Cittadinanza e partecipazione*. Roma: AVE, 2003.

DAVYDOV, V.V. The psychological structure and contents of the learning activity in school children. In: GLASER, R. & LOMPSCHER, J. (eds.). *Cognitive and motivational aspects of instruction*. Berlim: Deutscher Verlag der Wissenschaften, 1982.

DECI, E. & RYAN, R.M. Need satisfaction and the self-regulation of learning. *Learning & Individual Differences*, 18 (3), 1996, p. 165-184.

_____. *Intrinsic motivation and self-determination in human behavior*. Nova York: Plenum, 1985.

DECROLY, O. *Vers l'école nouvelle*. Bruxelas: Nathan, 1921.

DE HAAN, J. A multifaceted dynamic model of the digital divide. *IT & Society*, 1 (7), 2004.

DE KERCKHOVE, D. *Connected intelligence:* the arrival of the web society. Toronto: Sommerville House, 1997.

DELORS, J. *Educação:* um tesouro a descobrir – Relatório para a Unesco da Comissão Internacional sobre Educação para o século XXI. 8. ed. São Paulo/Brasília: Cortez/MEC/Unesco, 2003.

DE MATTOS, F. & CHAGAS, G. Desafios para inclusão digital no Brasil. *Perspectivas em Ciências da Informação*, vol. 13, n. 1, jan.-abr./2008, p. 67-94.

DEMO, P. O olhar do educador e novas tecnologias. *Boletim Técnico do Senac* – Revista Educação Profissional, vol. 37, n. 2, 2011. Rio de Janeiro.

DEWEY, J. *Democracy and education*. Nova York: Free, 1944.

DICKINSON, P. & SCIADAS, G. Access to the information highway. *Canadian Economic Observer*, n. 11-010, 1996.

DiMAGGIO, P.; HARGITTAI, E.; CELESTE, C. & SHAFER, S. From unequal access to differentiated use: A literature review and agenda for research on digital inequality. In: NECKERMAN, K. (ed.). *Social inequality*. Nova York: Russell Sage Foundation, 2004.

DONACIANO, B. (2011). *Vivências académicas, métodos de estudo e rendimento escolar em estudantes da Universidade Pedagógica*. Braga: Universidade do Minho [Tese de doutorado] [Disponível em http://repositorium.sdum.uminho.pt/bitstream/1822/19618/1/Bendita%20Donaciano.pdf – Acesso em abr./2016.]

ECOSOC (Economic and social council). *International cooperation in the field of informatics*, 2007.

_____. *Capacity-building for poverty eradication analysis of, and lessons from, evaluations of UN system support to countries' efforts*, 2004.

_____. [Disponível em http://www.un.org/en/ecosoc/ – Acesso em abr./2016].

EDUCAÇÃO ABERTA. *Recursos Educacionais Abertos (REA):* um caderno para professores. Campinas: Educação Aberta, 2011 [Disponível em http://www.educacaoaberta.org/ – Acesso em nov./2014].

ELBOJ, C.; PUIGDELLÍVOL, I.; SOLER, M. & VALLS, R. *Comunidades de aprendizaje:* transformar la educación. Barcelona: Graó, 2002.

ELLIOTT, E. & DWECK, C. Goals: An approach to motivation and achievement. *Journal of Personality and Social Psychology*, 54, 1988, p. 5-12.

ESCOT, L. Technological catch-up: Gradual diffusion of technology and convergence in the neoclassical growth model. *International Advances in Economic Research*, 4 (1), 1998.

EUROPEAN COMMISSION. *Competenze informatiche (eSkills) per il XXI secolo:* promozione della competitività, della crescita e dell'occupazione, 2007 [Disponível em http://europa.eu – Acesso em abr./2016].

FABIO, R.A. *L'intelligenza potenziale* – Strumenti di misura e di riabilitazione. Milão: Franco Angeli, 2002.

FANTIN, M. O lugar da experiência, da cultura e da aprendizagem multimídia na formação de professores. *Educação* – Revista do Centro de Educação, vol. 37, n. 2, 2012a, p. 291-306.

_____. Digital culture and new and old problems in the context of the "OLPC" program in Brazilian schools. *REM* – Research on Education and Media, vol. 4, 2012b, p. 173-186.

_____. Mídia – Educação no currículo e na formação inicial de professores. In: FANTIN, M. & RIVOLTELLA, P.C. *Cultura digital e escola* – Pesquisa e formação de professores. Campinas: Papirus, 2012c.

_____. A mídia na formação escolar de crianças e jovens. *Anais do XXXI Congresso Brasileiro de Ciências da Comunicação* – Intercom. Natal, 2008.

FANTIN, M. & RIVOLTELLA, P.C. (orgs.). *Cultura digital e escola* – Pesquisa e formação de professores. Campinas: Papirus, 2012.

FARISELLI, P. (org.). *Tecnologie dell'informazione e imprese* – Rapporto Nomisma sulla domanda e offerta di informazione pubblica online in Italia. Roma: Nomisma, 2005.

FLICHY, P. *L'innovation technique*. Paris: La Découverte, 1995.

FOSNOT, C.T. & PERRY, R.S. Constructivism: A psychological theory of learning. In: FOSNOT, C.T. *Constructivism:* Theory, perspectives and practices. Nova York/ Londres: Columbia University, 2005.

FRANCO, A. A rede. In: *Escola de redes*, 2011 [Série Fluzz, vol. 1].

_____ *Escola de redes* – Tudo que é sustentável tem padrão de rede: Sociedade do conhecimento. Vol. 2. Curitiba: Arca, 2008.

FREIRE, P. *A importância do ato de ler em três artigos que se completam*. São Paulo: Cortez, 2010.

_____. *Abertura do Congresso Brasileiro de Leitura*. Campinas, nov./1981.

_____. *Pedagogia da autonomia* – Saberes necessários à prática educativa. Lisboa: Base, 1977.

_____. *Pedagogia do oprimido*. Rio de Janeiro: Paz e Terra, 1968.

FREITAS, M.T. Letramento digital e formação de professores. *Educação em Revista*, vol. 26, n. 3, 2010, p. 335-352. Belo Horizonte.

GADOTTI, M. *Escola cidadã*. São Paulo: Cortez, 1997.

GAGLIARDI, C. Autor, autoria e autoridade: argumentação e ideologia em Roland Barthes. *Magma*, n. 10, 2012, p. 32-49.

GALTUNG, J. *Literacy and social development in the West*. Cambridge: Cambridge University Press, 1981.

GARDNER, H. *The development and education of the mind*. Londres/Nova York: Routledge, 2005.

_____.*The unschooled mind:* How children think and how schools should teach. Londres: Fontana, 1993.

GEE, J.P. (2009). *A situated sociocultural approach to literacy and technology,* 2009 [Disponível em http://jamespaulgee.com/geeimg/pdfs/Situated%20Approach%20to%20Language%20Teaching.pdf – Acesso em abr./2016].

GIDDENS, A. *Runaway world:* how globalization is reshaping our lives. Nova York: Routledge, 2000.

GILSTER, P. *Digital literacy.* Nova York: Wiley & Sons, 1997.

GLASER, B. & STRAUSS, A. *The discovery of grounded theory.* Nova York: Aldine, 1967.

GUASTAVIGNA, M. Un PC a tutti gli effetti. *Form@re*, 60 (1), 2009.

GUIMARÃES, S.E.R. Motivação intrínseca, extrínseca e o uso de recompensas em sala de aula. In: BORUCHOVITCH, E. & BZUNEK, J.A. (orgs.). *A motivação do aluno – Contribuições da psicologia contemporânea.* 4. ed. Petrópolis: Vozes, 2009.

GUIMARÃES, S.E.R. & BORUCHOVITCH, E. Estilo motivacional do professor e a motivação intrínseca dos estudantes: uma perspectiva da Teoria da Autodeterminação. *Psicologia:* Reflexão e Crítica, 17 (2), 2004, p. 143-150.

GUNKEL, D.J. Second thoughts: Toward a critique of the digital divide. *New Media & Society*, 5 (4), 2003.

GUTIERREZ, B. As revoltas em rede como uma nova arquitetura do protesto. *Revista Alegrar*, n. 12, 2013.

HABERMAS, J. *Agire comunicativo e logica delle scienze sociali.* Bologna: Il Mulino [Tít. orig. *Theorie des kommunikativen Handelns*]. Frankfurt am Main: Suhrkamp, 1981.

HAMELINK, C.J. Human development. In: UNESCO. *World Communication and Information Report.* Paris, 2000.

HARGITTAI, E. Second-level digital divide: Differences in people's online skills. *Firstmonday*, 7 (4), 2002.

HDI (Human Development Index) [Disponível em http://hdr.undp.org – Acesso em abr./2016].

HENDERSON, L. Instructional design of interactive multimedia: A cultural critique. *Educational Technology Research and Development*, 44 (4), 1996, p. 85-104.

HINDMAN, M. *The myth of digital democracy*. Princeton: Princeton University Press, 2008.

HOBBS, R. *Reading the media:* Media literacy in high school English. Nova York/Londres: Teachers College Press, 2007.

IBGE (Instituto Brasileiro de Geografia e Estatística) [Disponível em http://www.ibge.gov.br/home/ – Acesso em abr./2016].

ICANN (Internet Corporation for Assigned Names and Numbers) [Disponível em http://www.icann.org – Acesso em abr./2016].

IGF (Internet Governance Forum) [Disponível em http://www.intgovforum.org – Acesso em abr./2016].

INFODEV (Information for Development) [Disponível em http://www.infodev.org – Acesso em abr./2016].

ISMU (Iniziative e Studi sulla Multietnicità). *L'immigrazione straniera nella Provincia di Brescia* – Osservatorio Regionale sulla Multietnicità. Milão: Ismu, 2007.

ITU (International Telecommunications Union). *Measuring the information society* – The ICT Development Index, 2009.

_____. *Digital Opportunity Index* (DOI), 2007.

_____. *World telecommunication development report*, 2003.

_____. *Challenges to the network:* Internet for development, 1999.

_____. [Disponível em http://www.itu.int – Acesso em abr./2016].

JENKINS, H. Afterword: Communities of readers, clusters of practices. In: KNOBEL, M. & LANKSHEAR, C. (eds.). *DIY media* – Creating, sharing and learning with new technologies. Oxford: Peter Lang, p. 231-253, 2010.

_____. *Cultura da convergência*. São Paulo: Aleph, 2008.

JESKANEN-SUNDSTRÖM, H. "ICT statistics at the new millennium". *International Statistical Review*, 71 (1), 2003.

JEWITT, C. *Technology, literacy and learning*. Londres/Nova York: Routledge, 2006.

KALLINIKOS, J. *The consequences of information*. Cheltenham-Northampton: Elgar, 2006.

KATZ, J.E. & RICE, R.E. *Social consequences of internet use* – Access, involvement, and interaction. Cambridge (MA): MIT, 2002.

KNOBEL, M. & LANKSHEAR, C. (eds.). *DIY media* – Creating, sharing and learning with new technologies. Oxford: Peter Lang, 2010.

KREDENS, E. & FONTAR, B. *Comprendre le comportement des enfants et adolescents sur internet pour les protéger des dangers.* Lyon: Fréquence Écoles, 2010.

KUTTAN, A. & PETERS, L. *From digital divide to digital opportunity.* Lanham: Scarecrow, 2003.

LANKSHEAR, C. & KNOBEL, M. (eds.). *A new literacies sampler.* Nova York: Peter Lang, 2007.

LEASK, M. *Issues in teaching using ICT.* Londres/Nova York: Routledge Falmer, 2001.

LEMOS, A. A cibercultura como território recombinante. In: TRIVINHO, E. & CAZELOTO, E. (org.). *A cibercultura e seu espelho:* campo de conhecimento emergente e nova vivência humana na era da imersão interativa. São Paulo: ABCiber, 2009 [Disponível em http://abciber.org.br/publicacoes/livro1/a_cibercultura_e_seu_espelho.pdf – Acesso em abr./2016.]

_____. *Cidade digital:* portais, inclusão e redes no Brasil. Salvador: Edufba, 2007.

LESSIG, L. *Remix* – Making art and commerce thrive in the hybrid economy. Nova York: Penguin, 2008.

_____. *Cultura livre* – Como a mídia usa a tecnologia e a lei para barrar a criação cultural e controlar a criatividade. UFMG, 2004 [Disponível em http://www.ufmg.br/proex/cpinfo/educacao/docs/10d.pdf – Acesso em abr./2016].

LEU, D.J.; FORZANI, E.; BURLINGAME, C.; KULIKOWICH, J.M.; SEDRANSK, N.; COIRO, J. & KENNEDY, C. The new literacies of online research and comprehension: Assessing and preparing students for the 21st century with common core state standards. In: NEUMAN, S.B. & GAMBRELL, L.B. (orgs.). *Quality reading instruction in the age of common core standards.* The International Reading Association, 2013.

LÉVY, P. *Cibercultura.* São Paulo: Ed. 34, 1999.

_____. *L'intelligence collective* – Pour une anthropologie du cyberspace. Paris: La Découverte, 1994.

LIEVROUW, L.A. Integrating the research on media access: A critical overview. In: BUCY, E.P. & NEWHAGEN, J.E. (orgs.). *Media access, social and psychological dimensions of new technology use.* Mahwah, N.J./Londres: LEA, 2004.

LIVINGSTONE, S. Internet literacy: a negociação dos jovens com as novas oportunidades on-line. *Matrizes*, ano 4, n. 2, 2011, p. 11-42.

LIVINGSTONE, S. & HADDON, L. *EU Kids Online:* Final report. Londres: EU Kids Online, 2009 [Disponível em http://www.lse.ac.uk/media@lse/research/eukidsonline/eu%20kids%20i%20%282006-%29/eu%20kids%20online%20i%20reports/eukidsonlinefinalreport.pdf – Acesso em abr./2016].

MARTELETO, R.M. Análise das redes sociais – Aplicação nos estudos de transferência da informação. *Ci. Inf.,* vol. 30, n. 1, 2001, p. 71-81. Brasília.

MARTINHO, C. *Redes* – Uma introdução às dinâmicas da conectividade e da auto-organização. Brasília: WWF, 2003.

MASLOW, A.H. *Motivation and personality.* Nova York: Harper & Brothers, 1954.

MATTELART, A. *Histoire de la société de l'information.* Paris: La Découverte, 2002.

MAURRASSE, D. & JONES, C. *A future for everyone:* innovative social responsibility and community partnership. Nova York/Londres: Routledge, 2004.

MEDIAPPRO. *A European Research Project: The appropriation of new media by youth* – Final Report. Bruxelas, 2006.

MELLOUKI, M. & GAUTHIER, C. O professor e seu mandato de mediador, herdeiro, intérprete e crítico. *Educação & Sociedade,* vol. 25, n. 87, 2004, p. 537-571. Campinas.

MELUCCI, A. *Diventare persone:* conflitti e nuova cittadinanza nella società planetaria. Turim: Gruppo Abele, 2000.

MICHELINI, M.C. *Progettare e governare la scuola:* democrazia e partecipazione. Milão: Franco Angeli, 2006.

MILANI, L. *Lettera a una professoressa.* Firenze: Fiorentina, 1969.

MONTESSORI, M. *Come educare il potenziale umano.* Milão: Garzanti, 1970.

MORÁN, J. *Ensino e aprendizagem inovadores com apoio de tecnologias.* In: MORAN, J.; MASETTO, M. & BEHRENS, M.A. *Novas tecnologias e mediação pedagógica.* 21. ed. Campinas: Papirus, 2013.

MORGAN, D. *Focus group as qualitative research.* Londres: Sage, 1988.

MOSSBERGER, K.; TOLBERT, C. & STANSBURY, M. *Virtual inequality:* beyond the digital divide. Washington DC: Georgetown University Press, 2003.

NEWHAGEN, J. & BUCY, E.P. Routes to media access. In: BUCY, E.P. & NEWHAGEN, J.E. (eds.). *Media access, social and psychological dimensions of new technology use.* Mahwah, N.J./Londres: LEA, 2004.

NORRIS, P. *Digital divide*: Civic engagement, information poverty, and the Internet worldwide. Cambridge/New York: Cambridge University Press, 2001.

NTIA (National Telecommunications & Information Administration). *Falling through the net:* defining the digital divide, 1999.

_____. *Falling through the net:* A survey of the "haves" and "have nots", 1995.

_____. [Disponível em http://www.ntia.doc.gov – Acesso em abr./2016].

NUSSBAUM, M.C. *Cultivating humanity:* a classical defense of reform in liberal education. Cambridge, MA/Londres: Harvard University Press, 1998.

OCSE/OECD (Organization for Economic Cooperation and Development). *Regulatory reform as a tool for bridging the Digital Divide*, 2005.

_____. *Information technology outlook*, 2002.

_____. *Learning to bridge the digital divide:* education and skills, 2000.

_____. [Disponível em http://www.oecd.org – Acesso em abr./2016].

O'HARA, K, & STEVENS, D. *Inequality.com:* power, poverty and digital divide. Oxford: Natl Book Network, 2006.

ONE LAPTOP PER CHILD [Disponível em http://laptop.org – Acesso em abr./2016].

ONG, W. *Interfaces of the word*: studies in the evolution of consciousness and culture. Londres: Cornell University Press, 1982.

PACHECO, J. & PACHECO, M.F. *Diálogos com a escola da ponte*. Petrópolis: Vozes, 2014.

PAJARES, F. Self-efficacy beliefs in academic settings. *Review of Educational Research*, vol. 66, n. 4, 1996, p. 543-578.

PAPERT, S. *Mindstorms:* Children, computers and powerful ideas. Nova York: Basic Book, 1980.

PATRA, R. et al. Usage models of classroom computing in developing regions. *Proceedings of International Conference on Information Technologies and Development*. Bangalore, 2007.

PATTON, M.Q. *Qualitative evaluation and research methods*. Beverly Hills: Sage, 1980.

PEIXOTO, J. Tecnologia na educação: uma questão de transformação ou de formação? In: CECILIO, S. & FALCONE GARCIA, D.M. *Formação e profissão docente em tempos digitais*. Campinas: Alínea, 2009.

PELLEREY, M. *Progettazione didattica:* metodologia della programmazione educativa scolastica. Turim: SEI, 1979.

PERKINS, D. *Smart schools:* From training memories to educating minds. Nova York: Macmillan, 1992.

PERRIAULT, J. *La logique de l'usage.Essaisur les machines à communiquer (1989).* Paris: L'Harmattan, 2008 [Coll. Anthropologie, Ethnologie, Civilisation] [Disponível em http://questionsdecommunication.revues.org/1232?lang=en – Acesso em abr./2016].

PIAGET, J. *De la pédagogie.* Paris: Odile Jacob, 1998.

_____. *Où va l'education?* Paris: Unesco, 1943.

PISCHETOLA, M. Tecnologias em sala de aula: contribuições para uma pedagogia sustentável. *37ª Reunião da ANPEd.* Florianópolis, out./2015 [Disponível em http://37reuniao.anped.org.br/wp-content/uploads/2015/02/Trabalho-GT16-3985.pdf – Acesso em abr./2016].

_____. Teaching with laptops: a critical assessment of one-to-one technologies. In: STOCCHETTI, M. (org.). *Media and education in the digital age* – Concepts, assessments, subversions. International Publications/Peter Lang, 2014, p. 203-214.

_____. Formação de professores para a promoção de projetos de inclusão digital sustentáveis. *Linhas*, vol. 13, n. 2, 2012 [Disponível em http://www.periodicos.udesc.br/index.php/linhas/article/view/1984723813022012089 – Acesso em abr./2016].

_____. Costruire autonomia nel mondo mediale. In: BRICCHETTO, E.; FIORE, F. & RIVOLTELLA, P.C. (eds.). *Media, storia e cittadinanza.* Brescia: La Scuola, 2012.

_____. *Educazione e divario digitale – Idee per il capacity building.* Milão: Unicopli, 2011.

PNAD (Pesquisa Nacional por Amostra de Domicílios), 2008 [Disponível em www.ibge.gov.br/home – Acesso em abr.2016].

PRENSKY, M. Digital natives, digital immigrants. *On the Horizon*, vol. 9, n. 5, 2001. MCB University Press.

PRETTO, N. *Uma escola com/sem futuro.* Campinas: Papirus, 1996 [Coleção Magistério: Formação e Trabalho Pedagógico].

RICHARDSON, J. *Handbook of theory and research for the sociology of education.* Nova York: Greenwood, 1986.

RICOEUR, P. Approches de la personne. *Esprit,* 58 (160), 1990.

RIVOLTELLA, P.C. *Costruttivismo e pragmatica della comunicazione on line* – Socialità e didattica in internet. Trento: Erickson, 2003.

ROGERS, E. *Diffusion of innovations*. New York: The Free Press, 2003.

ROLF, T. & HERMES, C. *Implementation handbook for Innovative learning in Ethiopian primary schools*. Addis Abeba: On.e/Ecbp, 2008.

SALOMON, G. *Distributed cognitions: Psychological and educational considerations*. Cambridge, UK: Cambridge University Press, 1993.

SAMPAIO, F.F. & ELIA, M.F. (orgs.). *Projeto Um Computador por Aluno* – Pesquisas e perspectivas. Rio de Janeiro: NCE-UFRJ, 2012 [Disponível em www.nce.ufrj. br/ginape/livro-prouca – Acesso em dez./2014].

SANTANA, B.; ROSSINI, C. & PRETTO, N. (orgs.). *Recursos Educacionais Abertos*: práticas colaborativas políticas públicas. Salvador/São Paulo: Edufba/Casa da Cultura Digital, 2012.

SARTORI, L. *Il divario digitale:* Internet e le nuove disuguaglianze sociali. Bologna: Il Mulino, 2006.

SCHIESARO, G.M. *La sindrome del computer arrugginito* – Le nuove tecnologie nel Sud del mondo tra sviluppo umano e globalizzazione. Turim: SEI, 2003.

SCHUNK, D.H. Self-efficacy and academic motivation. *Educational Psychologist*, vol. 26, n. 3/4, 1991, p. 207-231.

SCHUNK, D.H. & ZIMMERMAN, B.J. Influencing children's self-efficacy and self-regulation of reading and writing through modeling. *Reading & Writing Quarterly*, 23 (1), 2007, p. 7-25.

SCHUNK, J. *Il ciclo del progetto*. Bruxelles: Unimondo, 2005.

_____. Partnership: The new name of the co-operation to development. *Berater Innen News*, 2, 2002.

SEN, A.K. Development as capability expansion. In: SHIVA KUMAR, A.K. & FUKUDA-PARR, S. (eds.). *Readings in human development* – Concepts, measures and policies for a development paradigm. Nova Delhi: Oxford University Press/UNDP, 2003.

_____. Individual freedom as a social commitment. *The New York Review*, 37 (10), 1990.

SHIRKY, C. *Cognitive surplus:* Creativity and generosity in a connected age. Nova York: Penguin, 2010.

SIEMENS, G. Connectivism: A learning theory for the digital age. *International Journal of Instructional Technology and Distance Learning*, vol. 2, n. 1, 2005.

SILVA, M. Educação presencial e online – Sugestões de interatividade na cibercultura. In: TRIVINHO, E. & CAZELOTO, E. (orgs.). *A cibercultura e seu espelho*. São Paulo: ABCiber/Itaú Cultural/Capes, 2009.

SILVEIRA, S.A. Para além da inclusão digital: poder comunicacional e novas assimetrias. In: BONILLA, M.H. & PRETTO, N. (orgs.). *Inclusão digital* – Polêmica contemporânea. Salvador: Edufba, 2011.

_____. O conceito de *commons* na cibercultura. *Líbero*, ano XI, n. 21, jun./2008, p. 49-59.

SINGER, H. Dualism revisited: A new approach to the problems of the dual society in developing countries. *Journal of Development Studies*, 7 (1), 1970.

SMITH, M.R. & MARX, L. *Does technology drive history?* – The dilemma of technological determinism. Cambridge, MA: MIT, 1994.

SOARES, M. Novas práticas de leitura e escrita: letramento na cibercultura. *Educação & Sociedade*, vol. 23, n. 81, 2002, p. 143-160. Campinas [Disponível em http://www.scielo.br/pdf/es/v23n81/13935.pdf – Acesso em abr./2016].

SOMERSON, P. Hands off: PC computing. *US Edition*, 13 (3), 2000.

SPLICHAL, S. & WASKO, J. *Communication and democracy*. Norwood: Ablex, 1993.

STERLING, S. *Sustainable education* – Re-visioning Learning and Change. Green Books, 2001.

STIPEK, D.J. *Motivation to learn:* from theory to practice. Englewood Cliffs: Prentice Hall, 1993.

STRAUSS, W. & HOWE, N. *Millennials rising:* The next great generation. Nova York: Vintage Original, 2000.

TAPSCOTT, D. *Geração digital* – A crescente e irreversível ascensão da geração net. São Paulo: Makron Books, 1999.

TIC Educação – Cetic.br 2010, 2012 [Disponível em http://cetic.br/pesquisa/educacao/ – Acesso em dez./2014].

TICHENOR, P.J.; DONOHUE, G.A. & OLIEN, C.N. Mass media flow and differential growth in knowledge. *Public Opinion Quarterly*, 34, 1970.

TILLY, C. *Durable inequality*. Berkeley, CA: University of California Press, 1998.

UGARTE, D. *O poder das redes*. Porto Alegre: EdiPUCRS, 2008.

Um Computador por Aluno (ProUCA), Lei 12.249, de 14/6/2010 [Disponível em http://www.fnde.gov.br/programas/programa-nacional-de-tecnologia-educacional-proinfo/proinfo-projeto-um-computador-por-aluno-uca – Acesso em abr./2016].

UNDESA (United Nations Department of Economic and Social Affairs). *Agenda 21* – Plan of action following the United Nations Conference on Environment and Development, 1992 [Disponível em http://www.undesa.it – Acesso em abr./2016].

UNDP (United Nations Development Programme). *Funding for United Nations Development Cooperation:* challenges and options. Nova York, nov./2005.

_____. *L'avanzamento tecnologico al servizio dello sviluppo umano.* Oxford: Oxford University Press, 2001.

_____. *Millennium development goals,* 2000.

_____. *Human development report,* 1999-2008.

_____. [Disponível em http://www.undp.org – Acesso em abr./2016].

UNESCO (United Nations Educational, Scientific and Cultural Organization). *ICT Competency Standards for Teachers,* 2008.

_____. *ICT Innovations for Poverty Reduction,* 2004.

_____. *Dichiarazione universale sulla diversità culturale,* 2001.

_____. *Programme of action for the least developed countries for the decade 2001-2010,* 2001.

_____. *World Communication and Information Report,* 1999-2000.

_____. *Declaração Universal dos Direitos Humanos,* 1948.

_____. [Disponível em http://www.unesco.org. – Acesso em abr./2016].

VAN DIJK, J. *From digital divide to social opportunities.* Paper para a 2nd International Conference for Bridging the Digital Divide. Seul, 2005a.

_____. *The deepening divide* – Inequality in the Information Society. Londres/Nova Delhi: Sage, 2005b.

VAN DIJCK, J. & POELL, T. Understanding social media logic. *Media and Communication,* vol. 1, n. 1, 2013, p. 2-14 [Disponível em http://papers.ssrn.com/sol3/papers.cfm?abstract_id=2309065 – Acesso em abr./2016].

VARISCO, B. *Costruttivismo socio-culturale:* genesi filosofiche, sviluppi psico-pedagogici, applicazioni didattiche. Roma: Carocci, 2002.

VYGOTSKY, L. *Mind in society:* The development of higher psychological processes. Cambridge: Harvard University Press, 1980.

WAGNER, D.A. et al. *Monitoring and evaluation of ICT in education initiative:* A handbook for developing countries. Washington DC: InfoDev World Bank, 2005.

WARSCHAUER, M. *Technology and social inclusion:* Rethinking the digital divide. Cambridge/Londres: MIT, 2003.

_____. Reconceptualizing the digital divide. *Firstmonday*, 7 (7), 2002.

WATTS, D. *Seis graus de separação*. São Paulo: Leopardo, 2003.

WEBER, M. *Textos selecionados*. São Paulo: Abril, 1980 [Sel. de Maurício Tragtenberg].

WEINER, B. A theory of motivation for some classroom experiences. *Journal of Educational Psycology*, n. 71, 1979, p. 3-25.

WELLMAN, B. Physical place and cyberplace: The rise of personalized networking. In: BLOKLAND, T. & SAVAGE, M. Networks, class and place. *International Journal of Urban and Regional Research*, 25 (2) [num. esp.], 2001, p. 227-252.

WHITE, R. Motivation reconsidered: the concept of competence. *Psychological Review*, n. 66, 1959, p. 297-333.

WILSON, E.J. *The information revolution and developing countries*. Cambridge, MA/Londres: MIT, 2004.

WORLD BANK (The International Bank for Reconstruction and Development). *World development report*, 2009.

_____. *Global economic prospects 2008:* Technology diffusion in the developing world, 2008.

_____. *Financing information and communication infrastructure needs in the developing world:* Public and private roles, 2005.

_____. [Disponível em http://www.worldbank.org – Acesso em abr./2016].

WSIS (World Summit on the Information Society). *Geneva declaration of principles*, 2006.

_____. *Tunis agenda for the information society*, 2005.

_____. *Building the information society:* A global challenge in the new millennium, 2003.

_____. *Civil society plenary, shaping information societies for human need declaration to the world summit on the information society*, 2003.

_____. [Disponível em http://www.itu.int/wsis/index.html – Acesso em abr./2016].

YUS, R. As comunidades de aprendizagem na perspectiva holística. *Revista Patio*, ano VI, n. 24, 2002.

ZEICHNER, K. *A formação reflexiva de professores:* ideias e práticas. Lisboa: Educa, 1993.

ZIMMERMAN, B.J. *Developing self-fulfilling cycles of academic regulation:* An analysis of exemplary instructional models. Nova York: Guilford, 1998.

ZOCCHI, P. *Internet, la democrazia possibile:* come vincere la sfida del digital divide. Milão: Guerini e Associati, 2003.

Índice

Introdução, 9

1 Tecnologia, desenvolvimento e exclusão, 13

  1.1 A relação entre mídia e desenvolvimento humano, 13

    1.1.1 O que significa desenvolvimento humano?, 14

    1.1.2 TIC: necessidade primária?, 15

    1.1.3 A importância do acesso à informação, 18

  1.2 História do conceito de "exclusão digital", 21

    1.2.1 O conceito de exclusão digital na literatura, 21

    1.2.2 Definição de exclusão digital, 23

    1.2.3 O aprofundamento da divisão, 26

    1.2.4 Múltiplas brechas e múltiplos acessos, 28

  1.3 Desigualdade, iniquidade e exclusão digital, 33

    1.3.1 Desigualdades novas e antigas, 34

    1.3.2 As ações políticas para a inclusão, 36

2 Inclusão digital e educação, 39

  2.1 TICs e novos desafios para a educação, 39

    2.1.1 Quem são os nativos digitais?, 40

    2.1.2 Aprendizagem em rede, 45

    2.1.3 Letramento digital e colaboração, 49

  2.2 Cultura digital e educação, 50

    2.2.1 Cultura digital e autonomia, 52

    2.2.2 Cultura digital e autoria, 56

2.3 A importância da motivação para aprender, 61

  2.3.1 Os componentes da motivação, 62

  2.3.2 A mediação do professor e seu "estilo motivacional", 65

3 Tecnologias móveis na educação: uma pesquisa comparativa, 69

  3.1 A tecnologia móvel como resposta à exclusão digital, 69

    3.1.1 Breve história da tecnologia móvel nas escolas, 69

    3.1.2 Projeto OLPC e UCA: fundamentos teóricos e questões abertas, 71

    3.1.3 Software livre e pedagogia, 73

  3.2 Estudos de caso comparativos: Itália, Etiópia, Brasil, 74

    3.2.1 Contextos da pesquisa, 75

    3.2.2 Metodologia e instrumentos, 79

  3.3 Resultados principais, 84

    3.3.1 Uso da tecnologia e aquisição de habilidades, 84

    3.3.2 A influência da tecnologia na motivação para aprender, 92

    3.3.3 A atitude do professor e seu "estilo motivacional", 99

    3.3.4 Resultados transversais aos três estudos, 102

  3.4 Reflexões conclusivas, 106

4 Formação de professores e cultura digital, 109

  4.1 A "construção de capacidades" na escola, 109

    4.1.1 As políticas para a inovação, 109

    4.1.2 A construção de capacidades, 110

    4.1.3 Um modelo de inovação pautado na cultura, 112

    4.1.4 A variável crítica da cultura, 114

  4.2 Construir capacidades na escola, 118

    4.2.1 Áreas de atenção para a inovação da escola, 119

    4.2.2 Capacidades de professores e alunos, 122

4.2.3 Formação profissional e capital humano, 125

4.2.4 Capital social e intercâmbio de *know-how*, 127

4.3 Planejar a inclusão digital, 129

4.3.1 A tradução cultural da tecnologia, 130

4.3.2 Sustentabilidade de um projeto, 131

4.3.3 Indicações para a pesquisa, 132

Considerações finais, 135

Referências, 141

A PEDAGOGIA
Teorias e práticas da Antiguidade aos nossos dias
(Edição atualizada)
Clermont Gauthier e Maurice Tardif (orgs.)

Esta edição atualizada de A pedagogia: teorias e práticas da Antiguidade aos nossos dias lança um olhar clarividente sobre a história da evolução das teorias e práticas pedagógicas, da Antiguidade ao nascimento da escola na Idade Média, da educação humanista do Renascimento à pedagogia nova do século XX. Resultado da colaboração de vários especialistas, a obra analisa as grandes correntes e algumas figuras que marcaram a evolução da pedagogia no Ocidente.

A presente edição oferece ao leitor, igualmente, todas as chaves necessárias para exercitar seu julgamento crítico e refletir nas finalidades educativas atuais da profissão docente. Ela propõe, além disso, ferramentas pedagógicas destinadas a aperfeiçoar sua utilização em um contexto de ensino como resumos e questões de revisão, dentre outros. A obra convida o leitor a empreender uma longa viagem pedagógica no tempo, desde os gregos até a atualidade, através da cultura permeada por diversas remissões à filosofia, à sociologia, à psicologia, à literatura etc. Para o futuro professor, esta obra constitui uma espécie de mapa do caminho, uma ferramenta de referência para orientar o seu pensamento e a sua atividade cotidiana com os alunos. De fato, ela visa formar um verdadeiro profissional da educação que esteja bem informado sobre os fundamentos de seu ofício.

Organizadores:

Clermont Gauthier *é professor na Faculdade de Ciências da Educação da Universidade Laval e responsável da Cátedra de Pesquisa do Canadá sobre o Estudo da Formação para o Ensino. Pesquisador regular e membro fundador do Centre de Recherche Interuniversitaire sur la Formation et la Profession Enseignante (CRIPFE / Centro de Pesquisa Interuniversitária para a Formação e a Profissão Docente). Publicou uma trintena de obras sobre os fundamentos da educação, a profissão docente, as correntes pedagógicas e a eficácia do ensino.*

Maurice Tardif *é professor-titular da Faculdade de Ciências da Educação da Universidade de Montreal, onde ensina a História das Ideias Educativas. Dirige, em Montreal, o Centre de Recherche Interuniversitaire sur la Formation et la Profession Enseignante (CRIPFE / Centro de Pesquisa Interuniversitária para a Formação e a Profissão Docente). É autor de uma trintena de obras dedicadas ao ensino, à história social da profissão docente e à formação dos professores. Em 2010, foi agraciado com o Prêmio Marcel-Vicent da ACFAS [Association Canadienne-Française pour l'Avancement des Sciences e, desde 2001, Association Francophone pour le Savoir / Associação Francófona em prol do Saber] por sua contribuição para o desenvolvimento das ciências sociais no Canadá francófono. É membro da Société Royale do Canadá e da Academia das Ciências Sociais. Enquanto professor e pesquisador, recebe frequentes convites de diversas universidades da Europa e da América Latina.*

FORMAÇÃO DE PROFESSORES
Teoria e prática pedagógica
Jacques de Lima Ferreira (org.)

Este livro apresenta o resultado de estudos realizados por pesquisadores da área da Educação, especificamente, no campo da formação de professores. Os capítulos deste livro evidenciam a teoria e a prática pedagógica na formação docente em sua complexidade, diante dos processos formativos de modo a evidenciar as relações entre teoria e prática.

Os estudantes dos cursos de formação inicial de professores relatam sobre a importância do conhecimento teórico em sua formação e enfatizam a necessidade de relacionar a teoria contextualizada com a prática. Os professores ao realizarem a formação continuada indicam como necessária essa relação no desenvolvimento do exercício profissional. Se baseando nessas afirmações esta obra apresenta possibilidades de se estabelecer uma articulação entre teoria e prática pedagógica com a finalidade de expressar novos questionamentos, reflexões e caminhos para a formação de professores.

É fundamental destacar a importância do trabalho do professor na escola-rização, formação e humanização para promover mudanças na sociedade e este livro se torna indispensável para que possam ampliar seus conhecimentos em relação à teoria e à prática pedagógica na formação de professores.

Jacques de Lima Ferreira é doutorando em Educação pela Pontifícia Universidade Católica do Paraná. Mestre em Tecnologia em Saúde – Mestrado Inter-disciplinar pela Pontifícia Universidade Católica do Paraná. Especialista em Metodologia do Ensino de Biologia e Química pelo Centro Universitário Unin-ter. Licenciatura em Pedagogia pelo Centro Universitário Uninter. Licenciatura Plena em Biologia pela Universidade Tecnológica Federal do Paraná. Graduado em Medicina Veterinária pela Universidade Tuiuti do Paraná. Dedica-se às áreas: Educação como principal, Saúde e Ciências Biológicas. Tem experiência em Biologia e Ciências no contexto Educacional, com ênfase em Bioengenharia, Biotecnologia, Biologia Geral e Histofisiologia do Reparo Tecidual, Regeneração, Anatomia e Fisiologia. Tem experiência em Medicina Veterinária, com ênfase em Gestão da Segurança Alimentar e Vigilância Sanitária. Tem experiência em Educação, com ênfase em Biologia da Educação, Metodologia do Ensino de Ciências e Biologia, Ensino e Aprendizagem, EAD, Ambiente Virtual de Aprendizagem e Meios Tecnológicos na ação Docente, atuando principalmente nos seguintes temas: Metodologia da Pesquisa Científica, Análise de dados Qualitativos e Quantitativos, Formação de Professores, Docência Universitária, Prá-tica Pedagógica, Educação e Saúde e Atendimento Pedagógico ao escolar em tratamento de saúde. Atualmente é docente da pós-graduação Lato Sensu em For-mação Pedagógica do Professor Universitário para atuar no contexto presencial e online, Alfabetização e Letramento e Educação Especial com ênfase em Inclusão da PUCPR. E-mail: drjacqueslima@hotmail.com

CULTURAL
Administração
Antropologia
Biografias
Comunicação
Dinâmicas e Jogos
Ecologia e Meio Ambiente
Educação e Pedagogia
Filosofia
História
Letras e Literatura
Obras de referência
Política
Psicologia
Saúde e Nutrição
Serviço Social e Trabalho
Sociologia

CATEQUÉTICO PASTORAL
Catequese
  Geral
  Crisma
  Primeira Eucaristia

Pastoral
  Geral
  Sacramental
  Familiar
  Social
  Ensino Religioso Escolar

TEOLÓGICO ESPIRITUAL
Biografias
Devocionários
Espiritualidade e Mística
Espiritualidade Mariana
Franciscanismo
Autoconhecimento
Liturgia
Obras de referência
Sagrada Escritura e Livros Apócrifos

Teologia
  Bíblica
  Histórica
  Prática
  Sistemática

VOZES NOBILIS
Uma linha editorial especial, com importantes autores, alto valor agregado e qualidade superior.

REVISTAS
Concilium
Estudos Bíblicos
Grande Sinal
REB (Revista Eclesiástica Brasileira)
SEDOC (Serviço de Documentação)

VOZES DE BOLSO
Obras clássicas de Ciências Humanas em formato de bolso.

PRODUTOS SAZONAIS
Folhinha do Sagrado Coração de Jesus
Calendário de mesa do Sagrado Coração de Jesus
Agenda do Sagrado Coração de Jesus
Almanaque Santo Antônio
Agendinha
Diário Vozes
Meditações para o dia a dia
Encontro diário com Deus
Guia Litúrgico

CADASTRE-SE
www.vozes.com.br

EDITORA VOZES LTDA.
Rua Frei Luís, 100 – Centro – Cep 25689-900 – Petrópolis, RJ
Tel.: (24) 2233-9000 – Fax: (24) 2231-4676 – E-mail: vendas@vozes.com.br

UNIDADES NO BRASIL: Belo Horizonte, MG – Brasília, DF – Campinas, SP – Cuiabá, MT
Curitiba, PR – Florianópolis, SC – Fortaleza, CE – Goiânia, GO – Juiz de Fora, MG
Manaus, AM – Petrópolis, RJ – Porto Alegre, RS – Recife, PE – Rio de Janeiro, RJ
Salvador, BA – São Paulo, SP